정성욱 교수와 풀어가는 기독교 궁금증

20

티타임에 나누는

기독교 변증

정성욱 지음

홍성사

추천의 글

미국의 대학에서 학생들을 가르치고 있는 정성욱 교수가 이번에 귀중한 책을 출간하게 되었기에 독자들에게 기쁜 마음으로 추천합니다.

정성욱 교수는 앞으로 한국 교회는 물론이려니와 세계 교회에서 크게 쓰임 받을 귀한 인재입니다. 우리나라에서 계명대학을 마친 후 미국 하버드 대학과 영국 옥스퍼드 대학에서 공부했는데, 유학 기간 동안 발군의 실력으로 그곳 교수들을 놀라게 한 영재이기도 합니다.

정 교수가 이번에 펴낸 책은 기독교 신앙의 진수를 대화체 내용으로 소개한 변증서입니다. 책이 인쇄되기 전에 먼저 내게 원고를 보내와 나는 한 자 한 자, 한 페이지 한 페이지 정독해 갔습니다. 그리고 나 자신이 큰 도움을 받았습니다. 지금 한국 교회에는 이런 책이 꼭 필요합니다. 특히 교회 안에 들어와 있으면서도 바람직한 성경적 신앙에 갈증을 느끼며 고민하는 젊은이들에게 이 책은 사막 한가운데서 만난 오아시스와 같은 역할을 해줄 것입니다.

어느 분야에서든 실력이 깊을수록 더 쉽게 쓰고 쉽게 가르칠 수 있게 됩니다. 그 점에서 정성욱 교수의 실력이 이 책에 유감없이 드러나 있습니다. 까다로운 기독교 진리의 진면목을 쉽게 풀어 나간 대목들을 읽노라면 정 교수의 학문적 깊이와 신학적 상상력의 높이를 짐작할 수 있습니다.

누군가 "교사는 많지만 스승은 적고 책은 많지만 영혼에 양식을 주는 지혜는 드물다"라고 했습니다. 그러나 정 교수는 우리 시대 스승의 자리에 있고, 그가 쓴 글에는 오고 오는 세대에 영혼의 양식을 공급해 줄 지혜가 담겨 있습니다.

많은 젊은이들이 정성욱 교수의 이 책을 읽고 영적 순례자의 길을 가는 데 좋은 나침반을 얻을 수 있기를 바랍니다. 또 이 땅의 독자들이 정 교수가 심혈을 기울여 쓴《티타임에 나누는 기독교 변증》을 꼭 읽고 영적 성장에 풍성한 도움을 얻게 되기를 거듭 권합니다.

2004년 6월

두레마을 대표

김진홍

머리말

"너희 마음에 그리스도를 주로 삼아 거룩하게 하고 너희 속에 있는 소망에 관한 이유를 묻는 자에게는 대답할 것을 항상 준비하되 온유와 두려움으로 하고"(벧전 3:15).

어느 때고 기독교를 비판하는 목소리가 있어 왔지만, 최근처럼 구체적으로 기독교를 비판하는 내용의 책들이 한국 사회에서 큰소리를 낸 적은 없었던 것 같다.

몇 년 전, 캐나다 모 대학에서 종교학을 가르치는 오강남 교수가 기독교를 뒤집어 읽는다는 미명 아래 《예수는 없다》라는 책을 써 한국 기독교에 신랄한 비판을 가한 바 있다. 여러 면에서 한국 기독교에 개혁이 필요하다는 것이 내 평소 생각이었기 때문에, 그가 지적한 한국 기독교의 몇몇 문제점들에 대해서는 공감을 했다. 하지만 기독교의 정체성 자체를 파괴하는 듯한 주장을 피력하는 대목에서는 '이거 너무 심한 것 아닌가?' 싶은 생각을 떨쳐 버릴 수 없었다.

동아일보사에서 번역 출간한 《예수는 신화다》도 많은 사람의 관심을 끈 것으로 알고 있는데, 이 책의 경우 기독교에 회의를 품은 이들의 입장을 더욱 확고하게 만드는 부정적인 역할을 했다는 인상을 지울 수 없다. 아울러 나의 모교인 하버드대학 신학부에서 공부한 미국인 스님 현각이 《만행》이라는 책에서 기독교에 대한 피상적인 지식만으로 불교의 위대성을 논하는 것을 읽으면서 '기독교는 이런 것이 아닌데……'라는 생각도 강하게 했다.

그렇다고 해서 내가 오강남 교수나 현각 스님의 저작에 직접 반박하거나 비판하기 위해 이 책을 쓴 것은 아니다. 이 책을 쓴 주된 목적은 나 자신이 그리스도인으로서 기독교에 대한 여러 방면의 공격에 맞서 기독교 신앙이 참되고 바른 신앙임을 변호하기 위해서다. 내가 믿는 예수님이 어떤 분이며, 내 안에 있는 기독교 신앙이 어떤 성격을 띠는 것인지를 진솔하게 표현해 보려는 것이다.

이 책에 나오는 이야기들 대부분은 학교나 교회에서 실제로 만난 사람들이 고민하며 상담을 요청해 온 내용들이다. 몇몇 부분은 가상으로 구성한 창작이기도 하지만 대부분 실제 인물과 관련한 이야기이며 실명을 사용하였다.

기독교를 비판하는 사람들은 성경에 대한 그리스도인들의 믿음을 집요하게 공격한다. 이들은 성경에 기록된 내용을 역사적인 사실이 아닌 신화적이고 설화적인 것으로 치부해 버린다. 그러다 보니 성경이 명백히 말하고 있는 예수 그리스도마저도 역사적 실존 인물이 아니라는 망언을 늘어놓는다. 이러한 비판에 대해 좀더 확실히 답하기 위해서라도 우리 그리스도인들은 성경이 왜 하나님이 쓰신 책인지 분명히 이해하고 그에 대한 지식을 가지고 있어야 한다. 이런 이유로 나는 1부(1-4장) 전체를 할애하여 성경의 권위, 성경의 독특성과 신뢰성에 관해 다루었다.

또 이들은 신약과 구약이 상호 모순된다는 주장을 계속 제기해 왔는데, 이 부분에 대한 적절한 답변을 제시하기 위해 2부(5-7장) 전체를 할애하였다.

3부(8-10장)에서는 '하나님의 존재를 증명할 수 있는가'라는 근본적인 문제에 맞물려 하나님의 선하심과 전능하심에 회의를 불러일으키는 주제인 '악의 문제'the problem of evil와 '신정론'神正論, theodicy, 그리고 그리스도인의 삶 속에서 고난의 의미가 무엇인지를 천착穿鑿해 보았다.

4부(11-13장)에서는 과학의 이름으로 성경과 기독교 신앙을 비판하는 사람들을 위해 과학의 한계를 지적하고 기독교 신앙의 독특성을 변호하고자 했으며, 여성해방 운동의 관점에서 기독교를 비판하는 내용에 맞서 기독교가 결코 가부장적이거나 남성 우월적인 종교가 아님을 입증했다. 또 기독교에 교파가 많다는 이유를 들면서 기독교가 사랑의 종교가 아니라고 하는 주장을 반박하기 위해 다양성 속에서 통일성을 추구하는 기독교의 성격을 논했다.

마지막 5부(14-16장)에서는 현대의 기독교 비판가들이 가장 많이 수용하며 기독교에 비판을 가하는 종교 다원주의에 대해 조목조목 따지고 그들의 주장을 반박하며 기독교의 유일성을 다루었다. 이와 연관된 선상에서 예수 그리스도의 복음을 들을 기회가 없던 사람들의 구원 문제에 대한 답변도 제시했다. 그리고 기독교 변증학은 전도와 선교의 길을 닦는 학문이라는 확신에 기초하여 불교 신자들에게 어떻게 복음을 전할 것인지, 특히 기독교와 불교의 접촉점을 활용하여 어떻게 전도할 것인지를 제시했다.

기독교변증학은 매우 이론적이고 철학적인 분야이기 때문에 일반 성도들이 쉽게 접근할 수 없는 약점이 있다. 이러한 약점을 극복하기 위해 대화체를 사용하여 중요한 논점들을 최대한 쉽게 풀어 쓰려고 노력했다. 그러다 보니 학문적으로 좀더 전문적인 문제들을 상세히 다루지 못한 아쉬움도 있다. 하지만 독자들에게 기독교가 진정 살아 있는 진리의 신앙이라는 점에 대한 작은 인상이라도 남길 수 있다면, 이 책에 쏟은 정성이 결코 헛되지 않으리라 생각한다.

이 책의 반 정도는 2001년 12월부터 2002년 5월까지 〈빛과 소금〉에 실렸던 내용을 수정하고 추가한 것이다. 〈빛과 소금〉의 권영삼 기자께 감사드린다. 그리고 나머지 내용은 잡지를 통해 내 글을 읽고 책으로 출간하자고 제의해 주신 홍성사 편집부 옥명호 실장의 제안에 힘입은 바 크다. 홍성사에도 감사드린다. 또 부족한 이의 글을 먼저 읽고 추천해 주신 장로회신학대학교 고용수 총장님, 명성교회 김삼환 목사님, 두레마을 대표 김진홍 목사님, 예수가족교회 백금산 목사님, 두란노 유종성 출판본부장님, 제자들교회 화종부 목사님께 감사드린다.

언제나 내 곁에서 격려와 성원을 아끼지 않는 아내 인경에게도 고

마음을 전하며, 평생 동안 주님의 나라와 복음을 위해 사시다가 영광스럽게 하늘나라에 입성하신 아버지 고故 정태진 목사와 오늘도 아들을 위해 눈물로 기도하시는 어머니 양영희 전도사께 이 책을 헌정한다. 그리고 이 책을 통하여 당신의 피로 값 주고 사신 몸 된 교회를 섬길 수 있는 소중한 기회를 허락하신 나의 구주시요 주님이신 예수님께 감사와 영광을 돌린다.

2004년 5월의 마지막 날
미국 테네시 주 킹 칼리지 캠퍼스에서
정성욱

개정증보판 머리말

이 책이 세상에 태어나서 빛을 본 지 어느덧 10년이라는 긴 세월이 흘렀다. 그동안 졸저를 사용하셔서 당신의 거룩한 뜻을 이뤄 오신 주님께 무한한 감사와 영광을 돌린다. 이 책을 읽고 부족한 필자에게 사랑과 격려를 아끼지 않은 많은 독자들께도 고마운 마음을 전하고 싶다. 10년 전에 쓴 책이기에 여러 가지로 부족한 점을 발견하게 된다. 출간 10주년을 기념해서 개정판을 내고 싶다는 필자의 제안을 흔쾌히 받아 준 홍성사에도 감사할 따름이다.

이 책의 처음 원고는 필자가 미국 테네시 주에 있는 킹 칼리지(지금은 킹 유니버시티) 교수로 사역할 때 탈고되었다. 그 후 나는 콜로라도 주의 덴버신학교Denver Seminary로 자리를 옮겼고, 벌써 9년째 이곳에서 사역하고 있다. 이 개정판은 덴버신학교에서 사역하는 동안 필자가 새롭게 깨닫고, 확인하고, 경험한 내용을 다루어 네 개의 장을 추가했다. 첫째로 "성性과 결혼에 관한 기독교의 관점은 너무 시대착오적이지 않나요?"라는 제목으로 성과 결혼에 관한 성경적 관점을 변호한다. 이혼과 동성애 문제도 함께 다루었다. 둘째로, "기독교는 일반 사회·정치·경제·문화에 대해 너무 무관심한 것 같아요"라는 제목으로 기독교는 본질상 사회 참여적이고 문화 참여적인 종교임을 설명한다. 그 과정에서 구원과 선행의 관계에 대한 성경적 관점을 제시한다. 셋째로, "기독교는 너무 자본주의적인 종교 아닌가요?"라는 제목으로 기독교와 경제, 돈의 문제, 청지기 정신, 기독교와 자본주의의 관계, 기독교와 사회주의의 관계 등을 조명한다. 넷째로, "이슬람교도들에게 어떻게 복음을 전할까요?"라는 제목으로 이슬람과 기독교의 접촉점과 근본적 차이점을 해명한다.

네 개의 새로운 장이 추가된 것과 동시에 기존의 내용도 필요한 부분을 수정하고 보완했다. 그런 의미에서 본서의 초판을 읽은 독자들에게도 이 책은 단순한 개정판 이상의 의미를 지닐 것이다. 한편 초판을 읽지 않은 새로운 독자들은 이 책을 통해 성경 진리가 변호되고 확증되는 기초적인 방향과 방법을 접할 수 있게 될 것이다. 그리고 각 장 마지막 부분에 토의 문제를 수록해서 그룹으로 공부하는 독자들에게 도움이 되게 하였다.

오늘날 기독교 진리는 너무나 다양하고 거센 공격과 도전에 직면해 있다. 이런 공격과 도전에 대해 기독교 진리를 설득력 있게 변증하는 작업은 결코 쉬운 일이 아니다. 특별히 지난 10년 동안 한국 사회에서 교회 신뢰도가 계속 추락해 온 심각한 상황을 고려할 때, 기독교 진리의 변증 작업은 더 치밀한 논리로 이뤄져야 한다. 하지만 세월이 갈수록 더욱 강하게 느끼는 것은, 기독교의 변증은 단순히 이론적인 작업에 그쳐서는 안 된다는 것이다. 믿는 바를 실천하는 삶의 변증학이 반드시 병행되어야 한다.

또 우리가 반드시 기억해야 할 것은 기독교 진리의 진정한 변증자는 성령님이시라는 사실이다. 성령님은 진리이신 예수님을 증언하는 영이시다(계 19:10). 신학자와 기독교 변증가가 아무리 설득력 있게 기독교 진리를 변증한다 해도, 그 변증의 노력에 성령님이 간섭하지 않으시면 열매를 맺을 수 없다. 죄와 허물로 죽은 영혼이 복음 진리에 설복되어 자신의 죄악을 회개하고, 예수님을 그리스도와 주님으로 받아들이게 하시는 분은 오직 성령님이시다. 그러하기에 필자 역시 이 책을 성령님께 맡겨 드리지 않을 수 없다. 부디 이 부족한 책이 성령님의 거룩한 손에 들려 존귀하게 사용되기만을 간절히 기도한다.

2014년 초하루
미국 콜로라도 주 덴버신학교 캠퍼스에서
정성욱

차례

추천의 글 4

머리말 6

개정증보판 머리말 11

1 성경은 역사적 사실이 아니다?

01- 백 퍼센트 하나님 책, 백 퍼센트 사람의 책? 19

02- 성경과 다른 종교의 경전은 어떻게 다른가요? 30

03- 성경은 어떻게 읽어야 하죠? 46

04- 성경의 역사성을 부인하는 역사비평학, 어떻게 봐야 하나요? 58

2 구약과 신약은 서로 모순된다?

05- 사람을 죄에 빠뜨릴 선악과를 왜 만드셨나요? 71

06- 아담의 죄가 에덴동산에서 쫓겨날 만큼 심각한 건가요? 81

07- 구약과 신약의 하나님은 완전히 다른 분 같아요 90

3 하나님의 존재가 의심스럽다?

08- 하나님을 증명할 수 있나요? 103

09- 선하고 전능하신 하나님이 왜 악을 제거하지 않으시죠? 119

10- 왜 나에게 고난이 오는 건가요? 133

4 기독교는 우리 현실과 배치된다?

11- 성경과 과학, 서로 모순되는 것 같은데요? 147

12- 기독교는 너무 가부장적인 것 아닌가요? 163

13- 교파는 왜 그리 많은가요? 178

14- 성과 결혼에 관한 기독교의 관점은 너무 시대착오적이지 않나요? 193

15- 기독교는 일반 사회 · 정치 · 경제 · 문화에 대해 너무 무관심한 것 같아요 208

16- 기독교는 너무 자본주의적인 종교 아닌가요? 222

5 기독교와 다른 종교는 평등하다?

17- 모든 종교는 동등한 것 아닌가요? 239

18- 복음을 듣지 못한 사람은 어떻게 구원되죠? 256

19- 불교 신자에게 복음을 전할 방법은 없나요? 266

20- 이슬람교도들에게 어떻게 복음을 전할까요? 282

#1

성경은 역사적 사실이 아니다?

01- 백 퍼센트 하나님 책, 백 퍼센트 사람의 책?

02- 성경과 다른 종교의 경전은 어떻게 다른가요?

03- 성경은 어떻게 읽어야 하죠?

04- 성경의 역사성을 부인하는 역사비평학, 어떻게 봐야 하나요?

01

백 퍼센트 하나님 책, 백 퍼센트 사람의 책?

'세계의 종교들'The World's Religions이라는 과목을 강의한 적이 있다. 주로 기독교를 비롯한 세계 주요 종교들의 기원, 역사와 성격을 개론적으로 살피고, 기독교적 관점에서 다른 종교들을 어떻게 이해할 것인지 연구한다.

수업이 시작된 지 한 달 남짓 되었을 때 연구실로 한 학생이 찾아왔다. 로힛 부와니Rohit Bhuwani라는 학생으로, 미국으로 유학 온 인도인이었다. 로힛은 부모님이 힌두교도이며 자신도 아직은 힌두교도라고 소개했다. 덧붙여 부모님이 최근 한국산 자동차를 구입했는데 성능이 너무 좋아 대단히 만족해하신다는 말도 전했다. 나는 한국산 자동차가 세계 여러 나라에서 좋은 평가를 받고 있다는 생각에 왠지 기분이 좋아졌다. 내가 계속 말을 이어 가려는데, 갑자기 로힛의 얼굴에 심각한 표정이 드리워졌다. 뭔가 중요한 질문이 있는 듯했다.

성경이 계시라니요?

"교수님, 한 가지 질문이 있습니다. 교수님도 아시다시피 힌두교에도 베다Vedas나 우파니샤드Upanishads 같은 경전이 있습니다. 그런데 저희 힌두교도들은 이 경전을 힌두교가 말하는 궁극적 실재인 브라만Brahman이 자신을 소개하거나 열어 보여 주기 위해 기록한 계시로 받아들이지 않습니다. 종교적 의미에서의 신성함sacredness을 담고 있는 책이라고는 믿지만, 결국 사람에 의해 기록된 사람의 책이라고 여기죠. 특히 힌두교 경전들 중에서 가장 권위 있다고 하는 우파니샤드는 소위 구루guru라고 하는 탁월한 영적 스승들이 종교 의식에 참여하면서 자신들이 경험한 개인적 변화를 설명하고 이 경험에 기초하여 제시한 종교적 가르침들로 구성되어 있죠."

"그렇지. 그건 나도 알고 있네."

"그런데 그리스도인들은 성경을 단순히 인간의 책으로 보지 않는다면서요? 제 친구에게 들으니, 그리스도인들은 성경을 하나님이 쓰신 자기 계시서로 받아들인다고 하던데 이 말이 도대체 무슨 뜻인가요? 그리고 성경을 하나님의 계시로 여기는 특별한 이유가 있나요?"

로힛은 최근 기독교와 복음에 관심을 두고 기독교의 진리성에 대해 깊이 고민하고 있었다. 나는 좀더 상세한 설명이 필요하리라 믿고 잠시 생각을 정리한 뒤 말을 이었다.

"로힛, 자네가 한 질문은 정말 중요하네. 요즘 많은 종교 다원주의자들이 성경을 이슬람교의 코란이나 불교의 불경, 힌두교의 경전들과 다를 것이 없는, 기독교라는 한 종교의 경전으로 보고, 성경과 다른 종교의 경전들을 같은 차원에서 다루려고 하지. 그들은 성경만이 절대자의 말씀이라거나 유일무이한 계시라는 그리스도인들의 주장을 종교적 원시 시대의 입장으로 치부한다네. 그러나 이러한 입장은 대부분의 그리스도인들이 전통적으로 받아들여 온 성경관과는 엄청난 차이가 있지."

"그 차이는 뭔가요?"

"자네도 알다시피 힌두교나 불교 같은 종교는 궁극적 실재ultimate reality나 절대자를 살아서 활동하는 분, 지성 · 감성 · 의지가 있는 인격적인 분, 사람들과 인격적인 관계를 맺는 데 관심을 갖는 분으로 여기지는 않는다네. 힌두교나 불교의 궁극적 실재는 절대적인 원리나 에너지나 힘과 같은 비인격적 존재이지. 그렇지 않은가?"

"예, 저도 그렇게 생각합니다. 힌두교에서 말하는 궁극적 실재는 살아 활동하시고, 말씀하시고, 일하시는 그런 분은 아닙니다. 즉, 어떤 분someone이 아니라 어떤 것something이죠."

"그러나 기독교에서 말하는 하나님은 오늘도 실제로 살아 계셔서 행동하시고, 사람의 삶에 간섭하시며, 사람들과 의사소통을 하면서 친근한 관계를 맺고 싶어 하시는 인격적인 분이라네."

"아! 바로 그 점이 큰 차이군요."

"그런데 문제는 이 하나님은 사람의 눈으로 볼 수도, 손으로 만질 수도, 귀로 들을 수도 없다는 것이지. 이런 상황에서 절대자인 하나님과 사람 사이에 인격적인 관계가 맺어지려면 무엇이 가장 필요할 것 같은가?"

내 질문에 대답하기가 좀 어려웠는지 로힛은 잠시 눈을 감고 생각에 잠겼다. 그러고는 곧 입가에 웃음을 머금고 이렇게 말했다.

"만일 절대적인 인격자가 정말 존재한다면, 그분 스스로 자신이 어떠한 분인지를 사람들에게 알려 주어야겠죠. 시·공간에 제한을 받고 지성적으로도 한계가 있는 인간이 절대자를 자신의 힘으로 알 수 없다는 것은 그리스도인들도 인정하는 상식적인 이야기 아닌가요? 따라서 어떤 절대적인 분, 그분이 만일 그리스도인들이 믿는 하나님이시라면, 하나님이 자신의 존재와 성품과 계획과 뜻을 사람들에게 알려 주는 일이 가장 필요하다고 생각합니다."

정곡을 찌르는 답변이었다. 로힛은 종교성이 강한 힌두교도로서의 면모를 확실히 보여 주고 있었다.

"맞았네, 바로 그걸세. 바로 자네 말 속에 자네의 질문에 대한 답이 들어 있네. 절대자이신 하나님이 자신을 열어 보이시는 것, 바로 그것을 기독교 신학 용어로 '계시'啓示라고 부른다네. 계시는 본래 숨겨져 있던 비밀들을 열어 보여 주고 알려 준다는 의미지. 또 베일에 가려 보이지 않던 것을 베일을 벗겨 보이게 한다는 의미도 있지. 따라서 우리 그리스도인들은 성경을, 사람들이 알 수 없고 접근할 수도 없는 신비로운 절대자께서 자신을 열어 그분의 어떠함을 알려 주시기 위해 기록한 계시의 책으로 믿는 것이지."

"예, 그렇게 말씀해 주시니 그리스도인들이 왜 성경을 하나님의 자기 계시서로 여기는지 알 것 같습니다."

사람의 언어로 쓰인 하나님 말씀?

내 대답이 끝나자마자 로힛이 다급히 물었다.

"그렇지만 교수님, 여전히 성경은 사람이 사람의 언어로 기록한 것 아닙니까? 성경을 사람이 기록한 것은 분명하지요?"

"그것 참 좋은 질문이네. 자네도 지적했다시피 성경이 하나님의 자기 계시서라고 해서 하나님 그분의 언어로 기록된 것은 아니지. 만일 하나님이 하나님의 언어로 성경을 써서 자신을 계시하셨다면 사람이 그 계시를 이해할 수 있겠는가?"

"사람의 언어가 아닌 하나님의 언어로 성경을 기록했다면 사람이 그 말을 이해하는 것은 불가능한 일일 것 같은데요."

"그렇기 때문에 은혜로우신 하나님은 자기 자신을 낮춰 사람의 수준으로 내려오셨고, 당신이 선택한 사람들로 하여금 자신의 계시를 사람의 언어로 기록하게 하셨네. 하나님이 스스로를 낮춰 사람의 수준으로 내려오신 것을 신학적으로는 '하나님의 적응' 혹은 '조정'이라고 하지."

"좀 이해하기 어려운데요. 예를 들어 설명해 주시면 좋겠습니다."

"그러니까…… 이런 예를 들 수 있겠네. 엄마와 아기는 표현력이

나 이해력에 큰 차이가 있지 않은가? 따라서 엄마가 아기에게 의사를 전달하고 싶을 때는, 다른 어른들과 대화할 때 사용하는 언어를 쓰면 안 되고 아기가 이해할 수 있는 언어나 몸짓을 사용해야 되는 것처럼 하나님도 그렇게 하신 것이라네. 종교개혁자 존 칼빈John Calvin, 1509~1564은 이런 말을 했지. 성경은 어떤 의미에서 '하나님의 유아어baby talk 사용'이라고 말이야. 은혜와 사랑의 하나님이 인간 수준으로 낮게 내려오셔서 우리와 의사소통을 하신 것이지."

"유아어라……. 상당히 통찰력 있는 표현인데요."

"또 한 가지 중요한 사실이 있다네. 사람의 언어가 하나님의 계시를 위해 적절한 수단이 되도록 역사하시는 분이 계신데, 바로 진리의 영인 성령님이시라네. 우리 그리스도인들은 성경이 성령 하나님의 감동 혹은 영감, 숨을 불어넣으심God-breathed으로 기록된 것이라고 믿고 있지."

"성령의 감동, 영감이라고요? 그건 또 무슨 말인가요?"

"성령님이 기록자들의 인격과 생각과 경험과 표현력을 살리시는 방식으로 그들을 사용하셔서 당신의 뜻이 바르게 전달되도록 영적인 감화를 주셨다는 말이지. 따라서 성경 기록자들의 인격적인 참여 없이 그들이 단순히 받아쓰기를 하거나 타자기 역할만을 해서 성경이 쓰여진 것으로 이해하는 것은 잘못이네. 그리고 성령의 감동과 영감으로 인해 우리는 성경을 읽을 때 하나님의 숨결을 느낄 수 있다네."

"그렇다면 하나님이 성경의 원저자이시지만 기록자인 사람 역시 성경의 2차 저자로 인정될 수 있다는 말씀이군요. 결국 성경에 신적인 요소와 인간적인 요소가 함께 있다는 말씀 아닌가요?"

"그렇네. 성경은 하나님의 계획과 목적에 따라 하나님의 주도하에 기록된 책이라는 점에서 신성divinity을 갖는 동시에 인간 기록자, 즉 성경 기자를 통해 인간의 언어로 인간의 이해를 돕기 위해 기록된 책이라는 점에서 인성humanity도 가지고 있지. 그렇기 때문에 인간 바울의 글을 읽지만 그것이 하나님의 계시임을 확인하게 되고, 인간 이사야의 글을 읽지만 그것이 이사야를 통해 우리에게 주신 하나님의 말씀임을 확인할 수 있는 거지."

"결국 교수님 말씀은 성경이 백 퍼센트 하나님의 책이면서 백 퍼센트 사람의 책이라는 뜻인 것 같은데요, 그렇죠?" "백 퍼센트 하나님의 책이면서 백 퍼센트 사람의 책이라! 정말 좋은 표현인데!"

성경에는 오류가 없다?

"그런데 말씀을 듣고 보니 또 한 가지가 궁금해집니다. 친구들에게 들으니, 성경은 오류가 없는 책이라고 하던데……. 성경이 백 퍼센트 하나님의 책이라면 성경에 오류가 없는 게 당연하지만, 백 퍼센트 사람의 책이기도 하므로 당연히 오류가 있을 것 같은데요?"

상당히 예리한 질문이었다. 그렇지만 로힛이 이런 질문을 던지기를 나는 은근히 기다리고 있었다.

"흠……. 자네가 납득하기 쉽게 설명을 하자면 이런 예를 들 수 있겠지. '기독교와 문화'라는 과목을 수강한 적 있지?"

"예. 그렇습니다." "그 시간에 예수님의 본성에 대해 설명한 적이 있는데, 기억나는가?"

"예, 기억납니다. 예수 그리스도는 완전히 사람이자 완전히 하나님이시라고 하면서 예수 그리스도에게 있는 두 가지 본성을 강조하셨습니다."

"맞았네. 바로 그걸세. 예수님의 한 인격 속에 두 가지 본성이 연합되어 있지. 즉, 예수님께도 신성과 인성, 이 두 본성이 있지. 그렇다면 예수님의 인성 때문에 예수님께 죄가 있다고 배웠는가?"

"아닙니다. 예수님은 백 퍼센트 하나님이시고 백 퍼센트 사람이시지만 죄는 없는 분이라는 것이 성경의 가르침이라고 배웠습니다."

"그렇네, 바로 그걸세. 나는 성경에도 동일한 원리를 적용할 수 있다고 믿네. 그러니까 성경의 원저자는 하나님이시지만 그분은 사람을 사용하여 성경을 기록하게 하셨고, 성경이 온전히 신뢰할 수 있는 당신의 말씀이 되게 하기 위해 성경에 오류가 없게 하셨지. 그러나 성경은 여전히 인간의 책이기 때문에 사람 냄새가 물씬 풍긴다네. 성경을 읽다 보면 그 안에 사람의 눈물과 죄악과 피와 땀 냄새가 서려 있는 것을 느끼게 되지. 성경의 매력은 그것이 하나님의 신성한 말씀인 동시에 참으로 인간적인 책이라는 사실에 있다네."

로힛은 내 이야기를 진지하게 듣고 있었다. 어느 정도 의문이 풀린 듯 보였다.

"교수님, 이제 그리스도인들이 왜 성경을 하나님의 계시이자 하나님의 말씀이라고 믿는지 조금 알 것 같습니다. 그러나 여전히 풀리지 않는 의문이 있습니다. 성경이 하나님의 자기 계시서라면 다른 종교의 경전들과 구별되는 특성이 있을 것 같은데 이 점에 대해 조금 더 자세히 설명해 주십시오."

"안 그래도 내가 그 부분을 설명하려고 했는데……. 근데 이걸 어쩌지? 곧 강의가 있어서 말이야."

"제가 내일 다시 오겠습니다."

"그럼, 그렇게 해주겠나?"

로힛과 나의 첫 대화는 이렇게 끝났다. 하지만 우리가 풀어 가야 할 이야기는 이것이 끝이 아니었다.

중요 용어 다시 보기

계시
revelation

숨겨지고 감춰진 비밀을 열어서 보이거나, 진리를 감싸고 있던 베일을 벗겨서 진리가 드러나게 하는 것. 기독교 신학에서는 하나님이 감추어지고 숨겨져 있는 자신의 존재와 성품과 사역을 자신을 열어 사람에게 알려 주시는 것을 칭한다.

하나님의 적응 또는 조정
accommodation

무한하시고 영원하신 하나님이 유한한 사람들의 수준과 능력에 맞춰 자신을 적응시키시고 조정하심을 의미한다. 엄마가 아기에게 자신의 뜻을 전할 때 엄마의 용어가 아닌 아기의 용어를 쓰는 것이 그 예다.

성령의 영감 또는 감동
inspiration

하나님이 성령을 통하여 성경 기자들에게 무엇을 어떻게 기록할 것인지 영감을 주셔서 성경을 기록하게 하셨음을 의미한다. 디모데후서 3장 16절의 “모든 성경은 하나님의 감동으로 된 것”이라는 말씀과 관련 있다.

토의 문제

01- 소통은 이 시대의 화두가 되었다. 하나님의 자기 계시와 소통하시는 communicative 하나님의 모습은 어떤 관계가 있을까?

02- 많은 사람들은 성경에 오류가 있다고 믿거나, 성경이 단순한 인간의 책이라고 믿는다. 그 이유는 무엇일까?

03- 그런 사람들에게 성경의 신적 권위와 무오성을 어떻게 효과적으로 변증할 수 있을까?

04- 하나님께서 성경 기자들을 어떻게 감동하셨는지 성경의 실례들을 중심으로 토의해 보라.

02

성경과 다른 종교의 경전은 어떻게 다른가요?

이튿날, 오전 강의를 마치자마자 시장기가 느껴져 평소보다 조금 일찍 점심 식사를 했다. 연구실로 돌아와 커피를 마시려고 준비하는데 노크 소리가 들렸다. 로힛인 모양이었다. 하나님의 자기 계시서인 성경은 다른 종교의 경전들과 어떻게 다른지를 물었던 로힛의 질문을 놓고 나도 전날 곰곰이 생각해 보았다. 그리고 로힛이 오면 최선을 다해 답해 주려고 기다리던 참이었다.

성경은 실제 사건을 담고 있다

"교수님, 안녕하셨습니까?"

"어서 오게, 로힛. 점심은 먹었는가?"

"예, 파스타 먹고 왔습니다."

"자, 이리로 앉지."

로힛에게 앉으라고 권한 뒤 나도 자리에 앉았다. 로힛은 앉자마자 어제 저녁에 킹 칼리지 학생들이 함께 모여 진행하는 성경공부에 참여하였고, 그 시간을 통해 귀한 교훈을 얻었다고 이야기해 주었다. 그의 목소리는 약간 흥분되어 있었다.

"……그런데 교수님, 어제 제가 교수님과 헤어지면서 제기한 마지막 질문에 대한 답변을 듣고 싶습니다."

로힛은 인도에서 온 학생들 중에서도 지적 능력이 탁월한 학생으로 인정받고 있었다. 그는 자신의 의문을 풀어 주기 바라는 듯한 간절한 표정으로 나를 응시했다.

"어제 내게 성경이 다른 종교의 경전들과 어떻게 다른지, 서로 구별되는 특징이 있다면 그것이 무엇인지 말해 달라고 했지?"

"예, 그렇습니다."

"사실 나도 자네의 질문을 듣고 이런저런 책들을 뒤지며 생각을 정리했다네. 성경이 다른 종교의 경전들과 다른 것 가운데 가장 대표적인 특징은 사실을 기록했느냐, 그렇지 않느냐에 있는 것 같네. 다른 종교의 경전들은 역사 속에서 실제로 일어난 사건들을 기록하지 않지만 성경은 실제로 일어난 사건을 기록했지."

"역사 속에서 실제로 일어난 사건을 기록했다고요?"

"그렇다네. 자네도 알다시피 힌두교 경전인 베다나 우파니샤드의 내용은 역사의 실제 사건을 기록한 것이 아니잖은가? 이런 경전들은 사람의 상상력에 의해 창작된 신화적이고 설화적인 성격의 책으로서, 궁극적으로는 그 이야기가 담고 있는 종교적 교훈을 주는 데 목적을 두고 기록되었지."

"그렇지요. 우리 힌두교도들은 베다나 우파니샤드에 기록된 내용들이 실제 역사 속에서 일어난 사건인지 아닌지에 별 관심이 없습니다. 그리고 거기 기록된 대부분의 내용이 역사 속에서 실제로 일어난 사건들을 기록한 것도 아니고요. 다만 그 경전에 기록된 이야기가 전달하고자 하는 종교적 의미와 메시지가 중요하다고 생각하지요."

"그러나 로힛, 우리 그리스도인들은 성경에 기록된 사건들이 구체적인 역사 속에서 실제로 일어난 사건인지 아닌지에 관심을 가질 뿐 아니라, 신구약 성경이 보고하는 모든 사건이 역사적으로 일어난 일이라고 믿는다네. 그것이 성경이 힌두교를 비롯한 다른 종교의 경전들과 구별되는 점일세."

하지만 내 대답이 로힛에게 충분한 답변이 되지 않은 게 분명했다. 그는 내 말을 얼마 동안 곱씹더니 다시 물었다.

"교수님, 하지만 성경에 기록된 모든 사건이 역사 현장에서 실제로 일어난 사건이어야 할 이유가 있나요? 성경도 힌두교 경전인 베다나 우파니샤드처럼 신화적인 내용을 담고 있다고 볼 수 있지 않습니까? 그리고 다른 종교들처럼 그 경전이 전달하고자 하는 종교적 교훈에 대한 깨달음을 얻는 데 초점을 맞춘다면, 실제 일어난 일이라고 주장하는 성경 속 사건들에 역사성이 있느냐 없느냐는 별로 중요하지 않을 것 같은데요?"

사실 로힛의 이러한 생각은 종교 다원주의적인 성격을 띤 사람들이 취하는 입장이었다. 그리고 종교가 다른 사람의 입장에서는 성경을 이렇게 보는 것이 오히려 더 편할지도 모른다. 나는 로힛이 바로 이 질문을 해주기를 기다리고 있었다. 그만큼 중요한 질문이었기 때문이다.

"로힛, 방금 자네가 한 질문은 정말 중요한 것일세. 우리 그리스도인들이, 성경에 기록된 사건들은 역사 현장에서 실제로 일어난 사건이어야 할 뿐 아니라 정말 그렇다고 믿고 주장하는 이유는 다른 종교들과 달리 기독교는 '관계적 종교'relational religion이기 때문일세."

"관계적 종교요? 너무 생소한 말인데요?"

"기독교의 본질은 살아 계신 하나님과 살아 숨 쉬는 사람 사이의 관계성일세. 그래서 그리스도인들은 지금도 살아 계시는 예수 그리스도와의 인격적 만남encounter을 신앙의 근본으로 이해하지. 이 인격적인 만남의 사건은 역사와 삶의 현장에서 실제로 일어나며, 이 사건이 실제로 역사에 영향을 미치고 자취를 남기게 된다고 믿는다네. 반면 다른 종교들은 궁극적인 실재와의 만남보다는 그 실재에 대한 주관적인 깨달음을 강조하기 때문에 역사성에 대하여 자연히 무관심할 수밖에 없는 걸세. 로힛, 자네도 성경을 창세기부터 요한계시록까지 한번 읽어 보게. 성경은 하나님과 사람과의 만남의 사건으로 가득하다네. 하나님과 아담의 만남, 하나님과 노아의 만남, 하나님과 아브라함의 만남, 예수님과 제자들의 만남……."

내 말을 들은 로힛은 계속 고개를 끄덕였다. 내 답변이 그에게 어느 정도 설득력 있게 들리는 듯했다.

"교수님, 이제야 알 것 같습니다. 그리스도인들이 믿는 절대자 하나님은 다른 종교에서 신봉하는 궁극적 실재와 다른 분이기 때문에 성경 역시 다른 종교의 경전들과 근본적으로 다른 성격을 띨 수밖에 없다는 말씀이군요. 그리스도인들이 왜 성경의 역사성을 그렇게 강조하는지 이제야 확실하게 알겠습니다. 그럼 성경의 역사성 말고 또 구별되는 특징은 없나요?"

40명 저자가 한목소리를 내고 있다

"있지! 왜 없겠나? 성경의 역사성 외에 성경의 또 다른 특징은 '통일성'일세."

"성경의 통일성이라고요? 이건 또 무슨 말인가요?"

"어제도 잠깐 얘기했다시피, 그리스도인들은 성경의 원저자는 성령님이시지만 성경 66권을 40여 명의 다양한 사람들이 기록했다고 믿는다네. 그런데 이 40여 명의 성경 기자들이 서로 만나 이렇게 저렇게 성경을 기록하자고 회의를 열거나 합의를 한 적이 전혀 없다네. 창세기를 기록한 모세에서 요한계시록을 기록한 사도 요한까지 그 시간적 차이가 1,600여 년이니, 모세가 요한을 만날 수는 없는 노릇이지. 그런데 놀랍게도 창세기에 계시된 하나님에 대한 내용이 요한계시록에 기록된 하나님에 대한 계시 내용과 일치한다네."

로힛이 무언가 할 말이 있는지 손을 들며 말했다.

"결국 교수님의 말씀은 이 40명의 성경 기자들이 서로 의논한 일

없이 각자의 삶의 현장에서 받은 하나님의 말씀을 기록했는데, 그 내용들이 서로 모순되기는커녕 놀라울 정도로 통일성을 이룬다는 것이네요."

"그렇다네, 로힛. 만일 성경이 하나님의 책이 아니라면 삶의 배경이 다르고, 경험이 다르고, 성격이나 직업이 다른 40명의 사람들이 기록한 하나님의 성품과 하나님의 사역에 대한 내용이 그렇게 통일된 목소리를 낼 수 있겠는가? 모세의 하나님과 다윗의 하나님과 바울의 하나님과 요한의 하나님은 동일하신 분이며, 동일한 구원의 역사를 성취하신 분임을 성경 66권은 넉넉히 알려 주고 있지."

"과연 성경은 힌두교의 경전들보다 탁월한 점이 많네요. 이제야 성경이 다른 종교의 경전들과 어떻게 다른지 조금 알 것 같습니다. 성경은 하나님이 역사 속에 들어오셔서 사람들을 만나 그들에게 자신을 열어 보이신 계시의 기록이자 그 계시의 내용이 모순되지 않고 통일성을 유지하도록 성령님을 통하여 기자들에게 영감을 주셔서 기록하게 하신 책이기 때문에, 단순히 종교적 경전이 아니라 하나님 자신의 인격이 그대로 담겨 있는 하나님의 책이라는 점을 확실히 알겠습니다. 그런데 성경의 역사성과 통일성과 같은 형식상의 특징 말고 내용상의 특징이 있을 것 같은데요? 그러니까 성경 66권이 통일성 있는 하나님의 말씀이라면 성경을 관통하는 어떤 내용이나 주제가 있을 것 같다는 애기입니다."

성경의 큰 주제—하나님 나라

로힛은 정말 집요했다. 그러나 나는 그의 집요함이 좋았다. 다행히 이 질문에 대해서는 내가 오랫동안 고민하고 연구한 적이 있어서 기쁘게 대답해 줄 수 있었다.

"성경 66권을 관통하는 주제라……. 참 좋은 질문이네! 성경이 통일성을 가진 책이기 때문에 성경 66권을 관통하는 주제가 있을 것 같다는 자네의 추측은 정말 일리가 있네. 사실 많은 성경학자들이 이 문제를 놓고 오랫동안 씨름해 왔지. 그들은 '언약'covenant, '약속'promise, '축복'blessing, '교회'the church, '구원'salvation, '성전'temple, '예수 그리스도'Jesus Christ 등 다양한 주제를 말해 왔지. 하지만 내 생각에 성경 66권을 관통하는 주제는 '하나님의 나라'인 것 같네."

"하나님의 나라라고요? 왜 그렇게 생각하시죠? 잘은 모르지만 구약의 앞부분에는 하나님의 나라에 관한 이야기가 별로 안 나오는 것 같은데요."

"과연 그럴까? 사실 구약의 앞부분, 특히 모세오경만 얼핏 보면 하나님 나라에 대한 이야기가 별로 안 나오는 것처럼 보이지. 그러나 성경의 내용들을 좀더 깊고 넓게 들여다보면, 성경이 하나님 나라에 대한 이야기로 가득 차 있음을 발견할 수 있다네. 이를 보여 줄 수 있는 매우 중요한 구절 중 하나가 창세기 1장 28절이지. 바로 앞 구절인 26절과 27절에는 하나님이 아담과 하와를 하나님의 형상에 따라 지으신 내용이 나오고, 이어 28절에는 그들에게 복 주시는 내용이 나온다네. '하나님이 그들에게 복을 주시며 그들에게 이르시되 생육하고 번성하여 땅에 충만하라, 땅을 정복하라, 바다의 고기와 공중의 새와 땅에 움직이는 모든 생물을 다스리라 하시니라.' 요즘 많은 사람들은 이 구절을 하나님이 사람에게 문화를 개발할 것을 명령하는 '문화명령'cultural mandate으로 해석한다네. 하지만 나는 그 입장을 받아들일 수 없네. 나는 이 구절을 영적인 의미로 해석해야 한다고 믿고 있으며, 하나님이 아담과 하와에게 하나님의 나라를 이루라고 복 주신 것으로 해석하네. 이 구절에는 나라와 국가를 구성하는 세 요소가 언급되어 있지. 생육하고 번성하라는 것은 국민이 많아지는 것을 뜻하고, 땅을 정복하라는 것은 국토를 잘 관리하라는 뜻이고, 모든 생물을 다스리라는 것은 국권을 행사하라는 뜻이지. 한 나라가 구성되기 위해서는 '국민, 국토, 국권'이라는 세 가지 기본 요소가 갖춰져야 한다는 것은 상식적인 얘기 아닌가? 어떤가, 이해가 좀 되는가?"

"예, 그러니까 교수님 말씀은 창세기 1장 28절이 하나님이 아담과 하와에게 하나님의 나라를 이루라고 복 주신 내용이라는 말씀이군요. 왜냐하면 그 구절 속에 국민, 국토, 국권 같은 나라 구성의 3요소가 언급되어 있으니까요."

"그렇다네. 하지만 창세기 1장 28절만으로 하나님 나라에 대한 말씀이 끝난 것은 아니라네. 이 구절이 하나님 나라의 골격과 형식에 대한 말씀이라면 하나님 나라의 내용과 질서에 대한 말씀은 2장 16절과 17절에 나오지. 로힛 자네가 한번 읽어 보겠나?"

책상에 놓여 있는 성경을 가리키자 로힛은 성경을 집어 들고 창세기 2장 16-17절 말씀을 찾아 읽었다.

"여호와 하나님이 그 사람에게 명하여 이르시되 동산 각종 나무의 열매는 네가 임의로 먹되 선악을 알게 하는 나무의 열매는 먹지 말라. 네가 먹는 날에는 반드시 죽으리라 하시니라."

"이 구절은 아담과 하와를 통해 세우실 하나님 나라의 내용과 질서를 규정하는 헌법으로 이해해야 한다네. 두 가지 원리가 제시되고 있지. 하나는 '임의로 먹으라'you are free to eat라는 명령에 기초한 자유의 원리이고, 다른 하나는 '먹지 말라'you must not eat라는 금명禁命에 토대를 둔 권위에 대한 순종의 원리지. 하나님의 나라는 내용상 그리고 본질상 자유의 나라인 동시에 하나님의 신적 권위에 복종하고 순종하는 나라여야 한다는 거야. 자유 안에서의 순종, 순종 안에서의 자유. 바로 이것이 하나님 나라의 질서지."

"그러니까 하나님이 이미 창세기 초두에서부터 하나님 나라를 염두에 두고 일하셨다는 말씀이군요?"

"그렇지. 문제는 이 원형적 하나님의 나라가 사탄의 유혹과 사람의 범죄로 상실되는 것 같았지만, 둘째 사람(고전 15:47)이자 마지막 아담(고전 15:45)이신 예수 그리스도께서 오셔서 하나님 나라를 세우고 확장하고 승리케 하신다는 것이 바로 성경 전체를 관통하는 메시지라는 걸세. 자네, 혹시 예수님이 이 땅에 오셔서 처음 선포하신 메시지가 뭔지 아는가?"

"글쎄요. 제가 성경을 조금밖에 안 읽어서 잘 기억이 안 나는데요.

아! 혹시 '때가 찼고 하나님의 나라가 가까이 왔으니 회개하고 복음을 믿으라'(막 1:15)라는 설교 아닙니까?"

"바로 그걸세. 용케 알고 있었군. 예수님이 이 땅에 오셔서 처음으로 선포하신 메시지는 회개와 천국에 대한 것이었지. 성경에서는 '천국'을 '하나님의 나라'라고도 번역하지. 하나님의 나라는 그만큼 예수님께 중요한 화두話頭였고, 그렇기 때문에 예수님은 공생애 사역 내내 하나님 나라에 대해 비유를 사용하여 집중적으로 가르치셨네. 이런 의미에서 하나님의 나라가 성경 전체를 관통하는 주제라는 것은 당연한 말이지. 이해를 돕기 위해 성경 몇 구절을 좀 읽어 보면 좋겠네. 같이 찾아 읽어 보지 않겠나? 사도행전 1장 3절이네."

로힛은 성경책을 여기저기 넘기면서 찾아 읽기 시작했다.

"그가 고난 받으신 후에 또한 그들에게 확실한 많은 증거로 친히 살아 계심을 나타내사 사십 일 동안 그들에게 보이시며 하나님 나라의 일을 말씀하시니라."

"고맙네. 하나님 나라의 일이 얼마나 중요했으면, 부활하신 예수님이 승천하시기 전 40일 동안 가르치신 내용이 하나님 나라였겠는가? 정말 놀라운 말씀이지. 그렇지 않은가?"

"그렇네요, 교수님. 정말 하나님의 나라가 예수님께도 중심 화두였음이 분명한 것 같은데요! 또 다른 구절은 없나요?"

"왜 없겠나! 이번에는 사도 바울에 대한 이야기인데, 사도행전 마지막 장인 28장 30절과 31절을 찾아 읽어 보게."

"바울이 온 이태를 자기 셋집에 머물면서 자기에게 오는 사람을 다 영접하고 하나님의 나라를 전파하며 주 예수 그리스도에 관한 모든 것을 담대하게 거침없이 가르치더라."

"자네, 이 구절 읽고 어떤 느낌이 드는가?"

"사도 바울에게도 하나님 나라가 메시지의 핵심 주제였다는 생각이 드는군요. 하나님 나라를 전하는 일과 주 예수 그리스도를 전하는 일이 동등한 가치가 있었던 것 같습니다."

"맞았네. 그 이유는 바로 예수 그리스도께서 오신 목적이 마귀의 유혹과 사람의 죄악으로 상실된 하나님 나라를 회복하고 다시 세우기 위한 것이었기 때문이지. 예수 그리스도는 자신의 인격과 삶 속에서 하나님의 나라를 구현하고 계셨어. 왜냐하면 예수님은 하나님 앞에서 자신의 자유로운 선택으로 하나님의 권위에 순종하는 삶을 사셨기 때문이지. 따라서 예수 그리스도를 믿고 영접하는 사람의 마음속에는 하나님의 나라가 이루어지고, 이러한 개인들이 모여 공동체를 이룬 교회 역시 하나님의 나라가 구현되는 공간이 되는 것이지. 그리고 그리스도인 개인과 공동체인 교회는 자유롭게 순종하는 삶을 통해서 하나님을 영화롭게 하도록 부름 받았지."

"정말 하나님의 나라가 엄청나게 중요한 주제군요!"

"이만하면 어느 정도 대답이 된 것 같은데, 어떤가?"

"예, 물론입니다. 교수님의 말씀을 다시 정리해 보면, 하나님의 나라는 성경 전체의 내용을 포괄하는 큰 주제라는 뜻이지요? 그렇지 않은가요?"

"그렇다네. 그런데 성경의 내용적인 주제와 관련된 또 하나의 특징이 있는데, 이 점도 놓쳐서는 안 된다고 생각하네."

성경의 구조적 원리—약속과 성취

성경에 또 한 가지 특징이 있다는 말에 로힛이 놀라듯 물었다.

"그건 또 뭐죠?"

"그것은 성경이 약속과 성취 또는 예언과 성취의 구조로 기록되어 있다는 것이네. 예를 들어, 구약성경을 찬찬히 읽어 보면 죄인들을 구원하기 위해 메시아를 보내 주시겠다고 예언하고 약속하신 하나님을 발견하게 되지. 우리는 이러한 구약의 예언들과 약속의 말씀들이 신약에 와서 너무도 치밀하게 성취되는 것을 읽게 된다네."

"예를 들면 어떤 것이 있죠?"

"대표적으로 창세기 3장 15절에서 말씀하신 '여자의 후손이 뱀의 머리를 상하게 할 것'이라는 하나님의 약속인데, 그것은 하나님의 아들 예수 그리스도께서 오셔서 사탄의 일을 멸하고 하나님의 나라를 세우시는 것으로 성취되었다네. 그리고 미가서 5장 2절에는 이스라엘을 다스릴 자가 베들레헴에서 나올 것이며 이 통치자는 영원한 통치자가 될 것을 예언하고 있다네. 그 예언은 왕 중의 왕으로 오신 예수 그리스도를 통하여 성취되었지. 신약의 사복음서를 보면 예수님의 탄생, 삶, 죽으심, 부활 등의 모든 과정이 구약의 예언과 약속을 성취하는 과정이었음을 보여 주는 예로 가득 차 있다네."

"교수님, 구약의 예언과 약속이 신약에서 성취된다는 것은 뭔가 중요한 의미가 있을 것 같은데요?"

"그렇다네. 우선 약속의 성취는 하나님이 살아서 역사를 주관하시며 참으로 존재하시는 분이라는 사실을 보여 주는 의미가 있네. 생각해 보게나. 수백 년 혹은 수천 년 전에 주어진 예언과 약속이 미래에 그대로 성취된다는 것은 영원하시며 역사를 주관하시는 하나님이 살아 계시지 않고는 결코 일어날 수 없는 일 아니겠는가? 그리고 약속의 성취는 하나님의 신실하심faithfulness을 계시해 줌으로써, 하나님이 정말 믿을 만하신trustworthy 분, 신뢰할 만하신reliable 분이라는 사실을 입증해 주는 의미가 있다네. 만일 하나님이 약속은 하시지만 그 약속을 이루시지 않는다면 어떻게 우리가 하나님의 말씀과 인격을 믿을 수 있겠나? 약속하고 성취하시는 방법을 통해 하나님은 당신이 신뢰할 만한 인격과 믿을 만한 능력이 있는 분임을 우리에게 나타내 주시는 것이라네."

"그렇군요!"

"그래서 우리 그리스도인들은 성경이 단순한 인간의 책이 아니라 하나님이 간섭하셔서 쓰신 하나님의 책이며, 다른 종교의 경전들과 비교할 수 없는 우월성이 있다고 믿는 것이라네."

"그렇다면 교수님, 혹시 성경과 다른 종교의 경전들 사이에 공통되는 점은 없을까요?"

"공통점이라……. 그것 참 흥미로운 질문인데!"

"각 종교들의 세계관적 틀이 너무나 달라서 경전들 간의 공통점을 발견하기란 쉽지 않을 것 같네. 하지만 C. S. 루이스C. S. Lewis, 1898~1963는 《순전한 기독교》*Mere Christianity*에서 이렇게 말했네. 다양한 종교들과 문화들 사이에 적어도 도덕적인 면에서 최소한의 '공통 기반'common ground이 존재할 것이라고 말이네. 루이스는 이것을 자연법natural law과 연결시켜 논의하지. 나는 루이스의 그런 입장에 기본적으로 동의한다네. 하지만 성경과 다른 종교의 경전들 사이에 공통점보다는 차이점이 더 많다는 사실은 부인할 수 없겠지."

로힛은 얼굴에 미소를 머금었다. 그동안 풀리지 않던 수수께끼가 이제야 풀린 듯한 표정이었다. 그는 깊이 숨을 들이쉬더니 다시 입을 열었다.

"어제 성경공부 시간에 리더가 성경 해석을 했는데, 제가 보기에는 적절치 않은 점이 많았습니다. 그래서 교수님께 성경을 어떻게 해석하는 것이 바른지 여쭙고 싶습니다."

"그것 역시 중요한 질문이네. 그런데 어쩌지, 벌써 강의 시간이 다 되었는데? 이번 주말에 시간 어떤가? 시간 봐서 내게 이메일 좀 넣어 주겠나?"

"예, 교수님. 연락드리겠습니다."

"그럼, 다음에 보세!"

중요 용어 다시 보기

성경의 통일성
unity

성경은 다양한 역사적 배경에서 다양한 사람들에 의해 기록되었지만, 기록자 배후에서 역사하시는 하나님의 감동으로 기록되었기 때문에 성경 66권 전체가 상호 모순 없이 통일된 메시지를 전달하고 있다.

하나님 나라
the Kingdom of God

하나님의 역동적인 통치 자체 또는 그 통치가 행사되는 영역을 말한다. 하나님 나라에는 외면적 요소와 내면적 요소가 있다. 외면적 요소는 '백성'과 '영토'와 '주권'을 말한다. 하나님 나라의 백성은 모든 하나님의 자녀들을 일컫는다. 하나님 나라의 영토는 에덴동산에서부터 새 하늘과 새 땅으로 확장되고 있으며, 하나님 나라의 주권은 예수 그리스도께서 행사하고 계신다. 하나님 나라의 내면적 요소, 즉 헌법적 원리는 하나님의 통치에 대한 백성들의 자유롭고 자발적인 순종이다. 그것은 에덴의 금과법禁果法에서 시내산의 율법으로 그리고 신약의 새 계명으로 확대된다.

약속(예언)과 성취

성경 66권은 하나님이 약속하고 예언하신 말씀을 성취하는 구조로 기록되어 있다. 따라서 약속(예언)과 성취는 성경의 구조적 원리이자 큰 틀이요 얼개다.

토의 문제

01- 성경과 다른 종교 경전들의 유사점과 차이점에 대해 서로 나누어 보자.

02- 성경이 다른 종교의 경전들과 근본적으로 다르고 절대적으로 우월한 이유는 무엇인가?

03- 하나님 나라 외에 성경 전체를 관통하는 다른 주제들에는 어떤 것들이 있는가?

03

성경은 어떻게 읽어야 하죠?

이메일을 체크하는데 로힛의 메시지가 와 있었다.

✉ 교수님, 이번 주 금요일 오후에 시간이 괜찮으시면 만나 뵙고 싶습니다. 성경 해석에 대한 질문도 드리고 싶고요. 답신 기다리겠습니다.

이번 주 금요일 오후 시간이면 별다른 약속이 없을 것 같아 로힛에게 회신을 보냈다.

✉ 로힛, 보내 준 메시지 고맙네. 금요일 오후 학생회관 구내의 커피 전문점에서 만나면 어떻겠는가? 점심 먹고 오후 2시쯤 만나지. 괜찮은가?

곧바로 로힛에게 답신이 왔다. 금요일 오후면 로힛도 좋다는 내용이었다.

금요일 오후 2시. 학생회관 내에 있는 커피 전문점에 들어서니 로힛이 먼저 와 자리를 잡고 앉아 있었다. 서로 안부를 묻던 중 잠시 대화가 끊기자 로힛이 먼저 질문을 했다.

성경 해석의 문제

"교수님, 지난번 교수님과의 대화는 제가 평소에 품고 있던 많은 의문들을 푸는 데 큰 도움이 되었습니다. 왜 성경이 하나님의 자기 계시의 말씀인지 그리고 성경이 다른 종교의 경전들과 어떻게 다른지 잘 알게 되었습니다. 그리고 헤어지기 전에 성경 해석에 대해 여쭸었는데, 그 전날 성경공부 모임에서 요한복음 6장을 공부했습니다. 그런데 어떤 구절에 대해서는 인도자의 해석을 받아들일 수 없더라고요. 그래서 '성경 해석이라는 것이 쉬운 문제가 아니구나' 생각했죠."

"그래! 6장이 무슨 내용이지?"

"6장은 예수님이 오병이어의 기적을 행하신 후 자신을 생명의 떡과 참된 음료로 소개하는 내용입니다. 그중에서도 53절에 보면 '인자의 살을 먹지 아니하고 인자의 피를 마시지 아니하면 너희 속에 생명이 없느니라'라는 말씀이 나오는데 이 말씀을 어떻게 해석해야 하는지 궁금합니다."

"그날 인도자는 이 구절을 어떻게 해석했는가?"

"그 인도자는 우리가 예수님의 살을 먹는다는 것은 성찬식에 참석해서 신부나 목사가 나누어 주는 떡을 먹는 것을 의미하고, 예수님의 피를 마신다는 것은 성찬식의 포도주를 마시는 것을 의미한다, 그러므로 성찬식에 참여한다는 것은 신앙생활의 핵심적 사안이라는 식으로 해석하더군요. 저는 뭔가 모르게 그 인도자의 해석이 전체 문맥을 떠났으며 상당히 문자주의적인 해석이라고 느꼈습니다. 제가 보기에는 예수님이 비유적인 의미로 뭔가를 가르치고 계신 듯한데요. 교수님은 어떻게 보시는지요?"

로힛의 질문은 성경 해석이라는 작업에 내재한 본질적인 문제들에 접근해 있었다. 나는 잠시 생각을 정돈하고 말을 이어 갔다.

"로힛, 자네의 질문에 이미 해답의 실마리가 있네. 자네는 그 인도자의 해석이 본문 전체의 문맥文脈, context을 떠나 있었다는 점을 지적했고, 그 인도자가 예수님의 비유적인 말씀을 문자적으로 해석했다는 점을 지적했네. 사실 성경 해석의 가장 기본적인 원칙은 성경의 어떤 구절이든지 그 구절이 속해 있는 본문 전체의 문맥을 고려하여 해석해야 한다는 것이네. 만일 그 인도자가 요한복음 6장 53절을 6장 전체의 문맥을 고려하면서 해석했더라면 분명히 그 해석은 달라졌겠지. 요한복음 6장에서 예수님은 자신을 영적인 양식이자 영적인 음료로 소개하고 계시다네. 그것은 문자적으로 예수님이 떡이나 물이라는 것과는 전혀 다른 뜻을 담고 있지."

"맞습니다, 교수님! 제가 그 인도자의 해석을 들으면서 못내 아쉬웠던 점이 바로 그 점입니다. 본문 전체의 맥락에서 벗어난 해석을 하고 있었거든요."

로힛은 내가 자신의 입장을 지지해 준다고 느꼈는지 흥분된 어조로 말했다.

"로힛, 내가 보기에도 그 해석을 가지고 성찬식에 꼭 참석하기를 권면하는 것은 무언가 더 중요한 교훈을 놓치고 있는 듯한데. 또 한 가지 중요한 것이 있네. 자네의 질문에서도 이미 언급했듯이 성경 본문은 분명히 비유적인 내용인데, 그것을 문자적으로 해석하는 것은 해석학적 편협성과 오류를 보여 줄 뿐이라네. 즉, 성경의 모든 본문은 여러 가지 문학상의 장르로 구분할 수 있다네. 어떤 본문은 비유이고, 어떤 본문은 역사적 보고historical report이고, 어떤 본문은 시이고, 어떤 본문은 교훈적 담론 성격이 강하고, 또 어떤 본문은 예언적 진술prophetic statement, 어떤 본문은 논설문 형식에 가깝지. 이렇게 성경 본문은 다양한 문학적 장르로 구분해야 할 뿐 아니라, 각 장르의 성격에 따라 해석해야 한다네. 그날 자네가 참석한 성경공부 모임의 인도자는 이 점에서 실수를 한 것으로 보이네."

로힛은 내 설명을 듣는 내내 고개를 끄덕였다. 자신의 생각이 어느 정도 맞아떨어진 것이 마냥 기쁜 눈치였다.

"교수님, 제 생각이 맞았군요. 결국 성경이 하나님의 말씀이면서도 사람의 언어로, 사람의 글로 기록되었기 때문에 사람의 글이 가진 장르의 성격에 따라 기록되었다는 말씀이시죠? 따라서 성경 본문의 장르를 적절하게 고려한 해석만이 바른 해석에 도달할 수 있다는 말씀이고요."

“그렇다네. 한 가지 예를 더 들어 보겠네. 이 얘기를 듣고 나면 좀 더 분명히 이해될 걸세. 마태복음 18장 3절에 보면, ‘너희가 돌이켜 어린아이들과 같이 되지 아니하면 결단코 천국에 들어가지 못하리라’라는 예수님의 말씀이 있는데…….”

“예, 저도 들어 봤습니다.”

“여기서 어린아이들과 같이 된다는 말은 여러 가지로 해석할 수 있다네. 그런데 어떤 목회자는 이 구절을 문자적으로 해석하여 정말 어린아이같이 되기 위해 설교 때마다 기저귀를 차고 나온다고 하더군. 그리고 평소에도 교인들에게 어린아이처럼 행동하라고 권면한다는군.”

“예? 우-하하하!”

로힛은 웃음을 참지 못하고 계속 웃어 댔다. 이야기를 꺼낸 나 역시 너무나 우스워 한참을 웃었다.

“로힛, 바로 그런 해석이 문제가 된다네. 비유적으로 혹은 영적인 의미로 해석해야 할 본문을 문자적으로 해석하는 행위가 예수님의 가르침을 얼마나 쉽게 웃음거리와 조롱거리로 만드는지 모른다네. 바로 그 점에 주목해야지. 마태복음 18장 3절에서 어린아이와 같이 된다는 것은 어린아이들의 순수함과 겸손함을 지녀야 함을 교훈하는 것 아닌가? 그러니까 어린아이처럼 순수하고 겸손하게 하나님을 의지하는 자가 천국에 들어갈 수 있다는 뜻이지. 이처럼 문맥과 장르의 구별을 고려하지 않은 해석은 성경 해석이 아니라 진리의 왜곡이나 다름없다네.”

"교수님 말씀이 큰 도움이 되었습니다. 그런데 교수님, 성경의 어떤 본문은 비유가 아니라 문자적인 의미 그대로 해석해야 되는 것 아닙니까? 예를 들어, 노아의 홍수라든지 아브라함 사건, 여리고성이 무너진 사건 등 역사적인 사건을 기술하는 내용들은 문자적인 의미 그대로 해석해야 될 것 같은데요."

"자네, 그 말 정말 잘했네. 요즘 어떤 학자들은 구약의 아브라함이 실존 인물이 아니라고 주장하면서 아브라함 사건을 꾸며 낸 이야기 정도로 이해하고 그 역사성을 거부해 버린다네. 그러면서 소위 아브라함 설화가 담고 있는 영적인 의미와 교훈에 대한 깨달음에만 관심을 두지. 그러나 그것은 성경의 문자적 · 명제적 · 역사적 성격을 무시하는 잘못된 입장이라네."

"왜 그렇죠?"

"음……. 예수님이 가르쳐 주신 탕자의 비유를 알고 있는가?"

"예, 알고 있습니다."

"그 비유는 역사적 사실을 보고하기보다는 예수님이 사람들에게 교훈을 주기 위해 창작하신 이야기라네. 그렇기 때문에 이러한 비유는 그 비유가 담고 있는 의미, 그리고 그 비유를 통해 예수님이 가르치시려는 메시지와 교훈에 집중해서 해석하는 것이 너무도 당연하고 자연스럽다네. 그러나 아브라함 사건은 창작된 허구적인 이야기가 아니라 역사적 사건에 대한 보고를 담고 있는 실화적 기사라는 사실에 주목해야 하네. 하나님과 아브라함이 실제로 만났고, 하나님께서 아브라함에게 이스라엘 민족을 큰 민족으로 만들어 이스라엘의 참된 자손이신 예수 그리스도를 통해 땅의 모든 족속이 구원의 복을 누리게 될 것을 실제로 약속하셨다는 것을 구약의 창세기는 말해 주고 있지. 하나님과 아브라함 사이에 있었던 약속이 구약의 이스라엘 역사와 신약의 예수 그리스도 사건을 통하여 역사적으로 이루어지는 것을 볼 때, 우리 그리스도인들은 하나님이 살아계시며 약속을 신실하게 지키시는 분임을 발견하고 그분께 영광을 돌리게 된다네. 그러므로 성경의 본문 중 비유적인 부분은 비유로, 역사적인 보고는 역사로, 문자적인 해석이 필요한 부분은 문자적으로 해석해야 한다네."

"교수님, 결국 교수님 말씀을 요약하면, 아브라함을 역사적으로 실존한 인물이 아니라고 한다면 창세기 12장에서 하나님이 아브라함을 불러 '땅의 모든 족속이 너로 말미암아 복을 얻을 것이라'라고 하신 하나님의 약속 역시 역사적으로 실재했던 약속이 아니게 되는 거죠? 그렇다면 마태복음이나 갈라디아서에서 사도들이 예수님이 아브라함의 자손과 씨로 오셔서 하나님의 약속을 성취했다고 말하는 것은 그야말로 헛소리거나 정신 나간 소리일 수밖에 없다는 말씀이군요."

"그렇다네. 그 이유는 사도들이 예수님에 대해 증거한 복음이 구약 시대에 역사적으로 일어난 사건을 통해 주어진 하나님의 실제적인 약속의 성취와 밀접하게 관련되어 있기 때문이지. 따라서 아브라함 사건을 역사 속에서 일어난 실제 사건으로 인정하지 않는다는 것은 결국 그리스도의 복음 자체를 인정하지 않겠다는 것과 다름없는 것일세. 그러다 보니 기독교가 없네, 있네 하는 것 아닌가?"

"교수님, 정말 고맙습니다. 이제 왜 성경 본문들의 문학적 성격과 장르에 따라 성경을 해석해야 하는지 알겠습니다."

해석과 적용의 관계

"그런데 교수님, 한 가지 더 궁금한 게 있습니다."

"그게 뭐지?"

"지난번 성경공부 모임에 참석했을 때 인도자가 계속해서 참석자들에게 본문을 이해하는 것도 중요하지만 그 이해한 내용을 자신의 삶에 적용할 줄 알아야 한다고 강조했습니다. 본문의 의미에 대한 해석과 적용의 관계를 좀 정리해 주시면 제게 큰 도움이 될 것 같은데요."

"본문의 의미 해석과 적용의 관계라……. 사실 이 문제는 그렇게 간단하지 않네. 왜냐하면 요즘 유행하는 포스트모더니즘은 텍스트의 원래 의미라는 것이 존재하지 않아 텍스트를 읽는 독자들을 피해가기 때문에 독자들의 입장에서 본문의 원래 의미를 파악하는 것은 전혀 불가능하다고 주장하기 때문이지. 이러한 포스트모더니즘의 주장을 설득력 있게 반박하기란 여간 어려운 일이 아닐세."

"그렇더라도 복음주의적 입장에서는 나름대로의 결론이 있을 것 같은데요?"

"그렇긴 하지. 나처럼 복음주의적인 입장을 견지하는 신학자들은 일단 성경 본문의 원래 의미는 성경을 기록한 기자가 의도한 뜻 meaning intended by authors이라고 보고, 문자적·문학적·역사적 해석 방법을 사용하며 초자연적인 성령님의 조명을 받는다면 원래 의미를 파악할 수 있다고 믿지. 더불어 이러한 원래의 의미가 지금 여기 살고 있는 내게 어떻게 적용될 수 있는지에 대한 고민은 당연히 해야 하네. 그런데 기억해야 할 것은, 복음주의 신학자들은 성경 본문의 본래 의미에 대해서는 단일한 의미를 추구하지만 그 적용에 대해서는 다양성을 허용한다는 점일세. 같은 본문을 읽고 그 본문의 의미를 동일하게 이해한 사람일지라도 그 적용은 다를 수 있거든. 그렇지 않겠나?"

"그건 저도 그렇게 생각합니다. 요한복음 3장 16절 말씀이 무엇을 의미하는지에 대해서는 많은 신학자들이 유사한 해석을 하겠지만, 그 구절이 구체적인 삶의 정황에 적용될 때는 다양한 모습으로 적용될 수 있을 테니까요."

로힛은 어느새 상당한 수준의 신학자가 되어 있었다.

"그렇다네. 결국 본문의 원래 의미와 적용의 관계에서는 적용의 다양성을 인정하더라도, 본문의 원래 의미로 지탱될 수 있는 적용이어야 한다는 점에서 '적용점은 원래 의미에 따라야 한다'는 정도로 이해하면 되겠지."

"고맙습니다, 교수님. 성경 해석에 대한 그림이 그려지는 듯하네요. 그런데 또 궁금한 게 있습니다. 역사비평학 말인데요, 역사비평학을 받아들이는 사람들은 성경의 많은 이야기들이 실제로 일어난 역사적 사건임을 부인한다고 들었거든요. 예를 들어, 아담과 하와의 이야기나 노아 홍수 사건의 역사성, 나아가 예수님의 처녀 탄생이나 부활까지도 의심한다고 들었습니다."

"그건 자네가 알고 있는 대로네. 사실 역사비평학은 성경을 하나님의 말씀으로 받아들이는 복음적 신앙인들과 그저 인간적 문서로만 받아들이는 비복음적 신앙인 사이에 격렬한 논쟁거리가 되어 왔지. 하지만 어쩌지? 벌써 시간이 많이 갔는데. 오늘은 이만하기로 하고, 정 궁금하면 다음에 한 번 더 연락 주는 게 좋겠는데?"

"예, 그렇게 하겠습니다."

궁금증이 어느 정도 해소되었는지 자리를 뜨려는 내게 로힛은 상쾌한 웃음을 보여 주었다. 강의 준비만 아니라면 좀더 이야기를 나눌 수 있었을 텐데, 그러지 못해 못내 아쉬웠다.

중요 용어 다시 보기

문자주의적 해석
literalistic interpretation

성경 각 본문의 다양한 문학적 장르를 무시하고 모든 본문을 문자적인 의미로만 해석하려는 입장.

포스트모더니즘
postmodernism

계몽주의가 주창한 인간 이성의 보편성에 대한 확신이 무너진 후 나타난 문화적 · 사상적 흐름을 말한다. 특수성, 다양성, 상대주의, 다원주의, 불확정성과 같은 이념적 가치들이 강조된다.

적용
application

성경 본문을 문법적 · 역사적 · 신학적 단계를 거쳐 해석한 후 본문의 의미가 독자의 현재 삶에 어떻게 적용될 수 있는지 살피는 것을 말한다. 바른 적용을 위해서는 바른 해석이 필요하다.

토의 문제

01- 성경의 바른 해석의 근본 원리와 방법은 무엇인가?

02- 포스트모더니즘이 바른 성경 해석에 대해 던지는 도전들은 무엇인가?

03- 요한복음 3장 16절에 대해 각자 해석한 내용을 이야기하고 적용점들을 나누어 보자.

04

성경의 역사성을 부인하는 역사비평학, 어떻게 봐야 하나요?

강의를 마치고 집에 가니 사랑하는 아내와 두 자녀가 반갑게 나를 맞이했다. 온 가족이 함께 저녁을 먹으며 하루 동안 있었던 일들을 이야기하노라니 '그리스도인의 가정은 천국의 그림자'라는 말이 생각났다. 나는 사랑과 기쁨의 가정을 이룰 수 있도록 인도하신 하나님께 감사를 드렸다. 아이들과 잠시 놀아 준 뒤 서재로 올라가 컴퓨터를 켜고 이메일을 확인해 보니 로힛이 보낸 이메일이 벌써 와 있었다.

역사비평학의 부정적인 면

✉ 오늘 성경의 해석 원리에 대하여 말씀해 주신 것이 제게는 아주 큰 도움이 되었습니다. 감사드립니다. 성경 구절이 속해 있는 전체 문맥과 그 문장의 장르상의 성격을 고려하여 성경을 해석할 때 비로소 올바른 해석에 접근할 수 있다는 말씀에 크

게 공감했고 많은 의문점들이 해결되었습니다. 하지만 조금 궁금한 것이 있어서 성경 해석과 관련하여 한 가지 더 질문합니다. 낮에도 말씀드린 역사비평학 문제인데요, 만나 뵙고 말씀드렸으면 합니다. 답신 기다립니다.

나는 당시 '신학개론' 과목을 가르치고 있었는데 마침 그다음 주에 다룰 주제가 역사비평학과 관련된 '역사적 예수와 신앙의 그리스도'Historical Jesus and Christ of Faith였기 때문에 로힛에게 메일을 보냈다.

🖂 로힛, 역사비평학에 대해 궁금하다고? 사실 다음 주 신학개론 강의 때 역사비평학을 다루게 되네. 시간이 괜찮다면 그 수업에 들어와 내 강의를 듣고 토론에 참여하면 좋겠는데, 어떤가? 월요일 오전 9시부터 시작하네. 수업에 참석할 수 있을 것 같으면 연락 주게나.

로힛에게 별다른 답신은 없었지만, 나는 그가 내 수업에 들어오리라 믿었다. 그리고 며칠 후 신학개론 시간이 되어 강의실에 들어가 보니 이미 로힛이 와 있었다. 나는 역사비평학이 등장하게 된 역사적 배경과 철학적 전제 등을 강의했다.

"역사비평학은 하나님의 계시에 의존하지 않고도 인간의 이성만으로 진리를 발견할 수 있다고 믿은 계몽주의자들의 산물입니다. 그들은 성경을 일반적인 문헌과 동등한 인간의 책으로만 받아들이고, 성경이 기록하고 있는 역사적 사건의 사실성을 비평적인 방법으로 규명하고자 했지요. 따라서 인간 이성이 좀처럼 받아들일 수 없는 초자연적인 기적의 사건들은 역사적 사실이 아니라, 인간이 꾸며 낸 신화일 뿐이라고 주장했습니다. 이런 맥락에서 예수님의 처녀 탄생이나 초자연적인 기적 행위, 치유 사역, 부활과 승천은 역사 속에서 실제로 일어난 사건이라기보다는 믿음을 강화시키기 위한 목적을 위해 만들어 낸 허구적인 이야기라고 주장하게 되었습니다. 그들은 요나서의 내용도 역사적인 사실이 아니라 단순히 만들어진 이야기라고 주장하고, 다니엘서의 예언도 역사적 사건들이 일어난 뒤에 기록된 것이라고 주장합니다."

"교수님 말씀대로라면 역사비평학의 주장은 받아들이기에 상당히 위험한 주장인 것 같은데요. 만일 그런 주장을 받아들인다면 기독교의 본질 가운데 하나인 기독교의 초자연적인 성격이나 신적이고 영적인 성격을 무너뜨릴 수밖에 없을 것 같습니다."

강의를 듣고 있던 샌디 헨드릭스Sandy Hendricks가 내 말을 거들었다. 샌디는 킹 칼리지 교직원으로 일하면서 학사학위 과정을 마무리하고 있었다. 신앙심이 돈독한 데다가 신앙적 사유가 상당히 깊은 사람으로, 신학대학원 진학을 준비하고 있었다.

"맞네. 바로 그 때문에 우리 복음주의자들은 역사비평학을 무비판적으로 수용할 수 없는 거지. 역사비평학적 연구 결과를 여과 없이 수용하다 보면 기독교의 정체성 자체를 흔들고 말 테니까."

역사비평학의 긍정적인 면

그때 로힛이 갑자기 손을 들고 물었다.

"교수님, 질문 있습니다."

"그래, 말해 보게나."

"교수님의 설명을 들으면서 이런 생각을 했습니다. 그렇다면 역사비평학이 성경을 연구하는 데 가장 중요한 방법이라고 신봉하는 학자들은 성경이 지닌 신적인 성격과 인간적인 성격, 이 둘 중에서 성경의 인간적인 측면을 강조하는 입장이겠다는 생각입니다."

"그렇네. 계몽사상가나 이들에게 영향을 받은 학자들은 성경의 양면성 중에서 신적인 성격은 거의 무시해 버리거나 학문적 연구 영역에서 배제해 버렸지. 나는 이 점이 바로 그들의 최대 약점이자 오류라고 생각하네. 나는 성경의 신적인 성격은 우리가 성경을 연구하고 해석하는 데 역사적 비평을 넘어서는 다른 차원의 방법을 요구한다고 생각하거든."

로힛의 옆자리에 앉아서 내 강의를 경청하던 데이비드 헌시커 David Hunsicker가 손을 들어 할 말이 있음을 표시했다. 데이비드는 신학과 4학년으로, 졸업 후 신학대학원에 진학하여 목회자의 길을 가려고 했다. 아버지가 목회자라서 그런지 특히 목회적인 관심을 가지고 신학을 공부하는 신실한 학생이었다.

"교수님은 지금 역사비평학을 지나치게 부정적인 측면에서 설명하시는 것 같습니다. 교수님 말씀대로라면 역사비평학은 신앙생활에 아무런 도움도 줄 수 없고 오히려 파괴적인 영향만을 미친다는 결론이 나오는데요, 제 생각에는 역사비평학의 긍정적인 측면도 있을 것 같습니다. 즉, 성경의 인간적인 측면도 존중되어야 하므로 역사비평적인 방법은 성경의 인간적인 성격을 밝혀내는 데 긍정적인 기여를 할 수 있지 않을까요?"

"데이비드, 좋은 지적이네. 안 그래도 바로 그 점을 막 설명하려던 참이었네. 자네가 말한 대로 역사비평학은 성경의 인간적인 측면을 이해하는 데 도움을 줄 수 있네. 하지만 역사비평학이 그 한계를 넘어 성경에 기록된 내용이 역사적인 사실이 아니라고 주장하면서 기독교 신앙의 초자연적인 토대를 무너뜨리려고 한다면, 역사비평학은 우리 복음적인 신앙인들이 받아들일 수 없는 것일 수밖에 없네. 하지만 성경이 기록된 시기의 유대 나라와 이방 제국의 역사와 지리 그리고 문화와 풍습 등에 대한 역사적 배경을 연구하기 위해 역사비평학을 활용한다면 그것은 성경 본문의 의미를 열어 주는 데 큰 역할을 할 수 있지. 예를 들어, 사무엘상 1장과 2장에 나오는 한나와 브닌나 이야기의 경우, 아들을 낳지 못하는 여성을 하나님께 인정받지 못하고 저주받은 자로 여기는 유대 나라의 문화와 풍습을 이해함으로써 더욱 폭넓게 이해할 수 있지. 신약성경을 연구할 때도, 예수님이 사역하시던 유대 나라의 역사와 문화 그리고 이방 로마 제국의 정치·경제·교육 제도 등을 자세히 연구하면 성경을 바르고 깊이 있게 해석하는 데 큰 도움이 된다네."

성경 해석의 4단계

그러자 데이비드 옆자리에 앉은 클립튼 로즈Clifton Laws가 손을 들었다. 클립튼도 신학대학원에 진학하여 신학 훈련을 받고 해외 선교사로 사역하고자 하는 꿈이 있었다.

"교수님, 신학대학원에 다니는 제 친구에게 들었는데요, '예수세미나'Jesus Seminar라는 단체의 경우에는 복음서에 나오는 예수님의 말씀 중에서 어떤 것은 예수님이 직접 말씀하신 것이고 어떤 것은 직접 말씀하셨을 리가 없다고 하면서 자기들 멋대로 성경 말씀을 분류하고 있다고 들었습니다. 그런 사람들을 어떻게 이해해야 할까요?"

"클립튼, 참 좋은 질문이네. 사실 나도 예수세미나에 대해서는 익히 들어 알고 있네. 나는 그들이 하나님의 말씀인 성경보다도 역사비평학이라는 학문적 방법론을 더 신뢰하고 있다고 생각하네. 예수세미나와 관련된 학자들은 역사비평학을 수용하는 온건한 성경학자들마저도 극단적인 부류로 여기고 이들의 주장을 받아들이지 않는다네."

"그렇군요. 그렇다면 복음주의 그리스도인들과 신학자들이 역사비평학에 대해 가져야 할 자세는 어떤 것인가요?"

"현재 대부분의 복음주의 신학자들은 역사비평학을 한계 내에서 수용하려고 하지. 즉, 성경의 초자연적이고 신적인 성격을 받아들이는 범위 내에서 성경의 역사적·지리적·문화적 배경을 연구하기 위해 역사비평 방법을 책임 있게 활용하자는 것이 대다수의 입장이네. 그러나 좀더 개방적인 입장에서 역사비평학을 더 적극적으로 수용하는 복음주의자도 있네. 이들은 온건한 자유주의자들의 연구 업적에 대하여 수용적이지. 그럼에도 기억해야 할 것은 성경의 역사적 배경 연구가 성경 해석의 전부는 아니라는 점일세. 역사적 배경 연구는 사실 올바른 성경 해석을 위한 준비 단계에 불과하지."

클립튼과 대화를 주고받는 중 로힛이 다시 물었다.

"그러니까 교수님 말씀은, 성경 본문이 기록하고 있는 사건의 역사적 배경을 살피기 위해서는 역사비평학이 지닌 한계를 인정하면서도 적절히 활용해야 한다는 거군요."

"그렇다네."

"교수님, 역사비평학을 활용하는 단계가 성경 해석 단계 중에서 초기 단계에 속한다면 그다음 단계는 뭐죠?"

로힛이 한 번 더 예리하게 파고들었다.

"나는 성경을 해석할 때 기본적으로 네 단계를 거친다고 믿네. 첫 단계는 문법적 해석 단계로서 문장의 장르를 구분하고 문맥을 파악하는 단계이네. 둘째 단계는 역사적 해석의 단계로서 본문의 역사적·문화적 배경을 살피는 단계지. 이 둘째 단계에서 역사비평학을 신중히 사용한다면 유익을 얻을 수 있지. 이 두 단계를 거치면 성경 본문의 원래 의미는 어느 정도 파악된다네. 이어서 셋째 단계는 신학적 해석 단계로서 본문에서 하나님의 어떠하심과 사역과 뜻과 계획에 대해 해석해 내는 단계지. 이 단계는 이 본문이 하나님의 속성과 본성에 대해 무엇을 가르치는지, 하나님의 사역과 뜻에 대하여 던지는 메시지는 무엇인지 등과 같은 질문에 답을 구하는 과정이라네. 마지막 단계는 바로 이러한 하나님의 뜻과 계획에 대하여 우리가 어떻게 반응할 것인지 묻고, 그것을 통하여 얻은 영적 통찰을 현실의 삶에 어떻게 적용할지 묻는 단계지. 이 넷째 단계는 적용점을 찾는 단계라고 보면 되겠어. 적용점은 개인적으로도 찾을 수 있고 공동체적으로도 찾을 수 있네. 나는 이러한 네 단계를 거쳐야 성경에 대한 올바른 해석이 가능하다고 믿지. 자, 이제 시간이 다 되었군. 오늘은 이만하지. 혹시 질문이 더 있으면 연구실로 오게나."

"고맙습니다, 교수님!"

역사비평학에 대한 적절한 강의가 되었는지 학생들의 목소리가 다른 날보다 훨씬 밝고 경쾌했다.

중요 용어 다시 보기

계몽주의
the Enlightenment

17, 18세기 유럽에 불었던 사상적 대변동. 계시와 전통의 권위에 반발하여 인간 이성의 전능성, 자율성, 보편성을 높이는 지성적인 운동이었다. 인간 본성에 대한 긍정적인 관점 그리고 인간 역사가 무한히 진보할 것이라는 낙관적인 관점을 주창했다.

역사비평학
Historical Criticism

계몽주의의 영향을 받아, 성경을 비롯한 역사적 본문이 보고하는 역사적 사실들이 정말 그렇게 실제로 일어났는지에 초점을 맞추어 비판적으로 연구하는 방법론이다.

성경의 초자연적 성격

성경이 보고하는 많은 사건들은 하나님의 초자연적인 간섭과 역사를 기록하고 있다. 특히 천사나 마귀와 같은 영적 존재들과 예수 그리스도와 선지자, 사도들이 행한 기적들이 성경의 초자연적 성격과 관련된다.

토의 문제

01- 역사비평학의 부정적인 측면에는 어떤 것들이 있을까? 신학자와 목회자들이 역사비평학을 그대로 수용한다면 설교는 어떻게 왜곡될까 토의해 보자.

02- 역사비평학의 긍정적인 측면들은 어떤 것이며, 이것들을 적절하게 활용하는 길은 무엇일까?

03- 성경 해석의 4단계를 따라 로마서 5장 12-21절을 해석하고 서로 나누어 보라.

#2

구약과 신약은 서로 모순된다?

05- 사람을 죄에 빠뜨릴 선악과를 왜 만드셨나요?

06- 아담의 죄가 에덴동산에서 쫓겨날 만큼 심각한 건가요?

07- 구약과 신약의 하나님은 완전히 다른 분 같아요

05

사람을 죄에 빠뜨릴 선악과를 왜 만드셨나요?

오전 강의를 마치고 점심 식사를 하려고 교내 식당으로 가는데 브라질 학생 루커스 퀠로Lucas Coehlo가 다가왔다. 루커스의 아버지는 브라질에서 목회자로 사역하고 있고, 루커스 역시 선교학을 전공하여 앞으로 목회자로서 헌신하고자 하는 신실한 학생이다. 특히 루커스는 캠퍼스에서 개인 전도를 하며 외국인 학생들을 주님께 인도하는 일에 남다른 열심을 냈다.

선악과, 국가 질서를 위한 도구

"교수님, 안녕하세요? ……어제 몇몇 친구들에게 복음을 전했습니다. 그런데 인도에서 온 수키 베디Suki Bedi가 제게 중요한 질문을 던지더라고요. 그 질문에 제대로 답해 주지 못해 상당히 당황했지요. 그래서 다음에 만나면 적절한 대답을 해주겠노라고 약속하고 헤어졌습니다. 교수님의 도움이 필요한데, 시간 좀 내주시겠어요?"

"아니, 뭘 물어보았기에 그러나?"

"창세기 앞부분에 나오는 아담과 하와의 타락 사건에 대한 질문인데요, 지금 여기서 말씀드리려면 시간이 모자랄 것 같습니다."

"그래, 그러면 3시 반 이후에는 자유로우니 그때 내 연구실로 오겠는가?"

"예, 그렇게 하겠습니다. 교수님, 감사합니다!"

점심 식사를 하며 혼자서 곰곰이 생각해 보았다.

'루커스가 대답하기 힘들었던 질문이 무엇일까? 선악과에 대한 질문일까? 아니면 아담에 대한 하나님의 형벌이 지나치게 심한 것 아니냐고 물었을까?'

이런저런 생각을 하다가 연구실로 돌아와 내일 있을 강의를 준비하고 있는데, 노크 소리가 들렸다. 루커스였다.

"교수님, 루커스입니다."

"그래, 어서 오게나. 자리에 앉지. 그래, 무슨 질문을 받았기에 그렇게 당황했는가?"

"예, 실은 하나님이 왜 에덴동산에 선과 악을 알게 하는 나무의 과실, 즉 선악과를 만들어 놓으셨느냐는 질문입니다. 만일 처음부터 선악과를 만들지 않으셨다면 아담과 하와가 죄를 짓지 않았을 것이고, 그렇다면 이 세상에 사망과 저주가 들어오지 않았을 것 아니냐는 질문이었습니다. 또 죄와 사망과 저주가 없었다면 인간이 구원받아야 할 필요도 없었을 것이고 예수님이 그렇게 고생스럽게 십자가를 지시지 않아도 되었을 것이니, 결국 모든 문제의 근원은 하나님이 선악과를 만들고 그것을 따 먹지 말라고 명령하셨기 때문이라는 것이지요. 이 질문과 함께 수키는 강하게 반발하며 복음 받아들이기를 거부했습니다. 저는 이에 대해 적절한 답변을 제시할 수가 없었고요. 그래서 많이 당황했습니다. 다음에 만나면 답을 해주겠다고 약속했지만 저로서는 역부족을 느낍니다. 교수님이 좀 도와주셔야겠습니다."

"그래. 사실 이 질문은 기독교 신앙을 받아들이고자 하는 거의 모든 사람이 한 번쯤 고민하는 문제지. 또 이 문제에 대한 적절한 해답이 있어야 신앙생활의 기초가 잘 다져진다네. 그럼 창세기를 살펴보면서 설명해 보겠네. 거기 성경책 있으니 창세기를 펴게나."

루커스는 창세기의 앞부분을 펼쳐 들었다.

"수키의 질문에 적절한 답을 제시하려면 창세기 1장에서 3장에 나오는 하나님의 성품과 계획을 근본적으로 이해하는 것이 필요하다네. 내가 자네에게 한 가지 질문을 하겠네. 자네는 하나님이 사람을 향해 가지고 계신 기본적인 태도가 어떻다고 생각하는가? 엄격하고 옹졸한 판사와 같은 분이어서 우리가 죄를 범하기를 기다렸다가 즉시 벌 주는 것을 즐겨하시는 분 같은가, 아니면 그와는 좀 다른 분 같은가?"

루커스는 잠시 생각을 정리하는 듯했다. 그러고는 말을 이어 갔다.

"저는 하나님이 엄격하고 옹졸한 판사와 같은 분은 아니시라고 생각합니다. 그러나 선악과를 만드시고 먹지 말라고 하신 모습은 어떻게 보면 그런 판사의 모습과 비슷한 것 같기도 하네요. 그런데 창세기 1장 28절 말씀을 보면 하나님은 사람을 지으시고 '복' 주시는 분으로 묘사되어 있거든요. 이것으로 보아 사람에 대한 하나님의 기본적인 태도는 '은혜로우심'이라는 생각이 듭니다."

"맞았네, 루커스. 바로 그 부분에 대한 바른 이해가 아담의 타락 사건을 여는 열쇠가 된다네. 자네가 말한 대로 하나님은 사람을 창조하시고 그 사람이 어떤 선을 행하기도 전에, 그러니까 그들의 업적이나 공로에 관계없이 그들에게 복을 주고 계시다네. 그것은 하나님이 사람에 대하여 기본적으로 은혜와 복을 주시려는 긍정적인 자세를 견지하신다는 것이지. 결국 이 말은 하나님이 엄격하고 옹졸한 판사와 같은 분은 아니시라는 얘기지. 그것은 창세기 2장 16절도 증명해 주고 있네. 찾아서 읽어 보겠나?"

"여호와 하나님이 그 사람에게 명하여 이르시되 동산 각종 나무의 열매는 네가 임의로 먹되."

"자네, 이 말씀을 읽으면서 뭔가 느끼는 것 없는가?"

"예, 이 구절을 보니 하나님이 사람에게, 임의로 행할 수 있는 '자유'를 주고 계신 것 같습니다."

"그렇다네. 하나님은 먼저 사람을 지으시고 생육하고 번성하고 땅을 정복하고 만물을 다스릴 복을 주셨지. 그리고 에덴동산을 아름다운 땅으로 만들어 사람의 소유로 주신 다음, 그 땅에서 나는 모든 과실들을 사람 마음대로 먹을 수 있는 자유로운 권한도 주셨지. 이

것은 하나님이 사람에 대하여 구두쇠와 같은 옹졸함으로 행하시는 것이 아니라, 은혜와 관대함으로 행하심을 보여 주는 증거라네. 이것을 좀더 신학적으로 설명하자면, 하나님은 아담과 하와를 지으시고 그들에게 하나님의 나라를 이루어 살도록 복을 주신 것으로 볼 수 있지. 그것은 창세기 1장 28절에 나오는 국민, 국토, 국권에 대한 복이지. 하지만 국가의 골격과 형식은 갖췄다 해도 그 나라의 질서가 세워지지 않으면 혼돈스러운 무정부 국가가 되기 때문에 하나님은 선악과 금명禁命을 통해 하나님 나라의 질서를 확립하고 계신 것이라네."

"그렇다면 선악과를 따 먹지 말라는 금명은 국가 질서를 규정하는 헌법이라고 보면 되겠네요?"

"그렇지! 하지만 선악과를 따 먹지 말라는 금명만이 헌법이 아니라 무슨 과일이든 다 먹어도 좋다고 하신 것도 헌법이라네. 전자는 권위에 순종하고 복종해야 한다는 원리이고, 후자는 그런 순종과 복종의 한계 내에서 완전한 자유를 누리라는 원리인 것이지."

내 말을 듣고 있던 루커스가 미소를 지으며 말을 이어 갔다.

"그러니까 교수님 말씀은 하나님이 선악과를 만들고서 먹지 말라고 명하시기 전에 이미 사람을 은혜와 관대함으로 대하시고 복을 주심으로써 사람에 대한 당신의 긍정적인 태도를 천명하셨다는 것이군요. 즉, 사람을 향한 은혜와 돌봄과 관심을 충분히 드러내셨다는 말씀이죠?"

"그렇다네. 바로 이 점을 이해하지 않고서 하나님이 선악과를 만드시고 먹지 말라고 하신 사건에만 집중하면 하나님에 대한 이해가 왜곡될 수밖에 없지."

선악과, 하나님의 교육 재료

"그러나 교수님! 지금까지 해주신 말씀이 상당히 신선한 충격으로 다가오긴 하지만 수키의 질문에는 여전히 충분한 답변이 제시되지 않은 것 같은데요?"

"그거야 그렇지. 자, 조금만 더 들어 보게. 다음 구절인 17절을 읽어 보게나."

"선악을 알게 하는 나무의 열매는 먹지 말라. 네가 먹는 날에는 반드시 죽으리라."

"루커스, 여기서 주의해야 할 점은 16절에 나오는 '각종 나무의 열매는 네가 임의로 먹되'라는 말과, 17절에 나오는 '열매는 먹지 말라'라는 말의 대조성이지. 16절에서 하나님은 모든 열매를 네 마음대로 자유롭게 먹으라고 말씀하심으로써 하나님의 풍성한 관대하심을 보여 주셨네. 그러나 17절에서 선악을 알게 하는 나무의 열매는 먹지 말라고 하시면서 사람이 잊지 말아야 할 것이 있음을 천명하신 것이지."

"그것이 무엇인가요?"

"루커스, 하나님은 에덴동산의 모든 것을 사람에게 선물로 주셨네. 그렇지 않은가? 그렇다면 마땅히 사람이 하나님께 대하여 가져야 할 자세는 무엇이겠는가?"

"그야, 그 선물과 선물을 주신 하나님께 대한 감사함 아니겠습니까?"

"바로 그걸세. 하나님은 선악을 알게 하는 나무를 만들어 동산 중앙에 두고 그 열매를 먹지 못하게 하심으로써, 사람에게 에덴동산을 자기 임의대로 할 수 있는 권한이 있지만 그 이전에 에덴동산과 그 안의 모든 것을 선물로 주신 하나님이 계시며 그분은 엄연히 사람이 감사한 마음을 가지고 순종해야 할 만물의 주인이시라는 사실을 심어 주려고 했던 것일세. 말하자면 사람은 여전히 피조물이며 사람을 창조하신 하나님께 순종의 책임을 다함으로써 자신과 하나님의 인격적인 관계를 유지해야 된다는 것을 천명하셨지. 다시 말하면, 사람은 사람이고 하나님은 하나님이라는 구분을 두고 계신 거야."

한참 듣고 있던 루커스가 말을 이었다.

"아, 그렇기 때문에 하나님이 선악과를 만들어 놓고 먹지 말라고 하신 것은 사람을 교육하기 위한 것이었다는 말씀도 되네요. 하나님께 대한 순종과 감사의 의무를 기억나게 하고 사람과 하나님은 여전히 다른 차원에서 존재한다는 사실을 상기시키는 도구였다는 말씀 아닌가요?"

"그렇다네. 이제 좀 답변이 된 것 같은가?"

"예. 하나님이 왜 선악과를 만드셨는지 이제 이해가 되네요."

"그래, 어떻게 정리할 수 있겠는가?"

"하나님이 선악과를 만드신 이유는 크게 두 가지라고 생각합니다. 첫째는 아담과 하와를 통하여 세우실 하나님 나라의 내용과 질서를 확립하는 헌법 수립의 의미가 있고요, 다른 하나는 하나님과 사람 사이의 차이를 분명하게 확인시키고 기억시키는 도구로서의 의미가 있습니다."

"그렇네. 자네가 내 말을 잘 이해한 것 같네."

"교수님, 그런데 제게는 이 문제와 관련하여 또 다른 질문이 있습니다."

"무슨 질문이지?"

"지금 다 말씀드리기는 좀……. 시간이 너무 많이 걸릴 것도 같고요……."

"그럼, 그 문제는 다음 기회에 더 이야기하도록 하세."

"예, 교수님."

중요 용어 다시 보기

하나님 나라의 헌법적 원리

창세기 2장 16-17절은 하나님의 권위에 대한 순종과 복종의 한계 내에서 사람이 자유를 누리는 것이 하나님 나라의 헌법적 원리임을 보여 준다. 그러나 한계를 넘어서 자유를 행사할 때 그에 대한 응분의 책임을 지는 것 역시 헌법적 원리로 제시하고 있다.

토의 문제

01- 선악과를 먹지 말라는 금명이 왜 그렇게 신학적, 변증학적으로 문제가 되어 왔는지 토의해 보라.

02- 선악과 금명이 에덴동산의 헌법적 원리였다는 말은 무슨 뜻인가?

03- 선악과 금명이 교육 재료라는 말은 무슨 뜻인가?

06

아담의 죄가 에덴동산에서 쫓겨날 만큼 심각한 건가요?

루커스와 선악과 문제를 놓고 대화한 뒤로 서로 바쁜 스케줄 때문에 통 만나지 못했다. 이메일을 주고받으며 스케줄을 확인해 오다가 드디어 약속을 정했다. 사실 창세기 1-3장에 나오는 창조와 타락의 기사는 신학적으로 엄청나게 중요한 의미가 있다. 이 부분을 어떻게 이해하느냐에 따라 하나님의 존재와 성품, 하나님과 사람의 관계 그리고 인간의 죄와 그 심각성에 대한 입장이 정해지기 때문이다.

루커스와 만나기로 한 날, 나는 창세기 1-3장을 다시 여러 번 읽으며 대화를 준비했다. 그리고 얼마 후 노크 소리가 들렸다. 루커스였다!

자발적인 순종을 기다리시는 하나님

"교수님, 안녕하십니까?"

“어서 오게, 루커스. 이리 앉게나. 그동안 잘 지냈는가? 이런저런 일로 너무 바빠서 우리의 만남이 늦어진 것 같네. ……그래, 지난번에 우리가 어디까지 이야기했지?”

“예, 사람에 대한 하나님의 기본적인 태도는 은혜와 사랑과 복 주심이라고 설명해 주셨고요, 분명한 목적을 가지고 선악을 알게 하는 나무를 만드셨다고 말씀하셨습니다.”

“그래, 그 목적이 무엇이라고 했는가?”

“하나님이 선악을 알게 하는 나무를 만드신 목적은, 사람이 에덴동산에 있는 모든 것을 자기 임의대로 할 수 있는 권한이 있지만 에덴동산과 그 안의 모든 것을 선물로 준 분은 하나님이시고 그분은 엄연히 사람이 순종해야 할 주인이시라는 사실을 심어 주기 위해서였다고 하셨습니다.”

“그래, 바로 그걸세. 선악을 알게 하는 나무의 실과를 먹지 말라는 하나님의 명령은 하나님이 자유와 은혜와 복을 주심에도 여전히 하나님과 사람은 철저하게 구분되어야 하며, 사람은 자신이 그분의 피조물임을 깨닫고 주인 되신 하나님께 순종함을 통해 하나님과 인격적인 관계를 맺어야 한다고 말했지. 루커스, 자네는 내 설명이 설득력 있다고 생각하는가?”

루커스는 곰곰이 무엇인가 생각하는 듯했다. 그러고는 천천히 말을 이어 갔다.

“예, 교수님. 교수님의 설명은 상당히 설득력이 있습니다. 그러나 아직까지도 심정적으로는 하나님이 선악을 알게 하는 나무를 만들지 않으셨더라면 더 좋지 않았을까 하는 의구심이 듭니다. 과연 하나님은 그렇게 하실 수밖에 없었는가 하는 것이죠."

"가능한 질문이네. 그러나 우리는 여기서 하나님이 인격적인 분이라는 사실을 기억해야 한다네. 인격적인 분이라는 말은 하나님이 지성과 의지와 감성을 갖고 계시고 자유의지적인 결정을 통해 행동하시는 분이라는 말이지. 이 사실과 함께 더 중요한 것은 하나님은 사람과 인격적인 관계를 맺고 싶어 하신다는 점이네. 하나님은 사람을 기계나 로봇으로 만들지 않고, 자신의 형상을 따라 인격체로 만드셨다네. 그래서 하나님은 사람에게 자신에 대한 사랑과 순종을 강요하고 싶지 않으신 것이라네. 오히려 우리 내면에서 우러나오는 자발적인 사랑과 순종을 받길 바라고 계시지."

"교수님! 하나님은 처음부터 선악과를 선택하지 못하고 미리 프로그램 된 대로 생명과만 택할 수밖에 없는 기계적인 사람을 만드신 것이 아니라, 자신의 자발적인 결정에 따라 하나님의 명령에 순종하는 사람을 만들려고 하신 것이라는 말씀이군요."

"그렇다네. 하나님이 사람을 지으시고 그에게 무엇을 하지 말라고 명령하신 것은 그분이 사람에게 자유의지와 선택권을 주기 기뻐하시며 그 선택권을 하나님을 향하여 선용하기를 기대하신다는 의미지."

"결국 교수님 말씀은 하나님의 금명은 사람의 자유를 억압하려는 뜻에서 주어진 것이 아니라 오히려 하나님이 주신 선택권을 하나님을 향하여 사용하는 것이 참된 자유를 실현하는 것임을 가르치기 위한 것이었다는 말씀이군요."

"그렇다네."

"교수님, 교수님이 해주신 말씀을 잘 전해 주면 수키도 어느 정도 이해할 것 같은데요."

아담과 하와의 죄목

"그런데 교수님, 사실 수키가 제기한 또 다른 질문이 있습니다."

"그게 끝이 아니라. 복병이 있었군! 수키가 한 질문이 뭔가?"

"그것은 하나님이 정말 아담과 하와를 사랑하신다면 어떻게 아담이 지은 죄에 대하여 그렇게 심한 형벌을 내릴 수 있는가 하는 것입니다. 아담과 하와의 죄로 인하여 그 후손들 모두가 죄인이 되었고, 사망과 질병의 고통이 왔고, 해산하는 수고와 땀 흘리는 노동 그리고 그 외에 여러 가지 저주들이 왔다면, 하나님의 형벌이 너무 심하지 않느냐는 것입니다. 이러한 형벌은 오히려 하나님의 사랑과 은혜와 관대하심과는 거리가 멀지 않느냐는 물음입니다. 선악과를 따 먹은 죄가 그렇게도 심각한 건가요?"

나는 이 질문이 나오기를 은근히 기다리고 있었다. 왜냐하면 이 질문에 대한 적절한 대답이 복음을 증거하는 데 디딤돌 역할을 할 것으로 믿었기 때문이다.

"루커스, 그 질문은 정말 중요하네. 여기서 우리가 다시 한 번 생각해야 할 것은 죄가 무엇인가 하는 것이지. 죄에 대한 바른 정의를 내리는 것이 매우 중요하다네. 자네는 죄가 뭐라고 생각하는가?"

"저는 법을 어기는 것이 죄라고 생각합니다. 그것이 하나님의 법이면 하나님께 죄를 짓는 것이고, 국가의 법이면 국가에 죄를 짓는 것이지요."

"그래, 죄를 그렇게 이해하는 것도 일리가 있어. 하지만 죄의 더 깊은 의미까지는 들어가지 못한 것 같네."

"왜 그렇죠, 교수님?"

"자네 말대로 죄라는 것은 법을 어기는 것으로 드러나고 표현되지. 하지만 법을 어김으로써 드러나기 전에 이미 그 법을 세우시는 하나님의 권위에 대한 반역의 형태로 일어나게 된다네."

"조금 어려운데요, 좀더 쉽게 설명해 주세요."

"좀 어려운가? 그러면 아담과 하와가 선악과를 따 먹은 죄가 왜 그토록 엄청난 죄인지 예를 들어 설명해 보겠네. 만일 어떤 나라가 있고, 그 나라에 황제가 있다고 해보세. 그렇다면 이 나라의 백성들이 범할 수 있는 가장 큰 죄가 무엇이겠는가? 서로 죽이는 죄? 서로 사기 치며 속이는 죄?"

"그거야, 황제의 권위에 도전하는 반역죄가 아닐까요? 예부터 반역죄는 최고의 형벌로 다스려 오지 않았습니까?"

"바로 그걸세. 우리는 아담과 하와가 단순히 에덴동산에서 하나님과 게임을 벌이다가 실수를 한 것 정도로 이해해서는 안 되네. 아담과 하와는 하나님 왕국의 백성으로 에덴동산에서 살고 있었던 것일세. 따라서 그들이 하나님처럼 되고자 하는 욕심을 품은 것 자체가 실은 하나님께 대한 반역의 시작이었지. 그 반역의 마음 때문에 결국에는 선악과를 따 먹지 말라는 하나님의 명령과 법을 어기게 된 거고. 따라서 선악과를 따 먹은 행위는 아담과 하와가 지을 수 있는 최고의 죄악, 즉 하나님의 왕권과 절대적인 권위에 도전하는 반역죄를 범한 것을 의미한다네. 그들은 최고 통치자이신 하나님께 대항하는 반역죄를 지은 것이지. 이러한 죄는 도저히 용서받을 수 없어. 이 세상 역사를 보더라도 그렇지 않은가? 반역죄를 지은 사람을 용서한 임금과 황제를 본 적 있는가? 아담과 하와는 그 자리에서 옛말로 능지처참을 당하더라도 할 말이 없는 심각한 죄를 범한 것일세."

"아, 그렇군요! 아담과 하와의 죄를 그러한 시각에서 다시 보니 정말 엄청난 죄였다는 사실이 실감납니다."

"자, 하나님이 아담과 하와에게 내리신 형벌이 아직도 과하다고 생각하는가?"

"아니요. 하나님의 진노는 당연한 것이었습니다. 하나님은 진노 중에라도 긍휼을 잊지 않으시고 아담과 하와를 대하신 것 같습니다. 비록 영적으로는 하나님과 분리되어 죽은 상태가 되었지만 육체적으로는 완전한 멸망을 당하지 않았잖습니까? 그렇다고 바로 지옥으로 던져진 것도 아니고요. 더 중요한 것은 여자의 후손이 와서 뱀의 머리를 상하게 하시겠다고 말씀하심으로써(창 3:15) 장차 인류를 죄악에서 구원할 메시아를 보내 주리라고 약속하신 것을 보면, 하나님의 변함없는 긍휼과 자비를 발견하게 되네요. 죄 아래 신음하는 사람들에게 약속을 통해 영원한 소망을 주신 것은 하나님의 관대하심을 극명하게 보여 준다고 생각합니다."

"그렇네. 인간은 기본적으로 교만하기 때문에 하나님이 우리의 주인 되심과 통치자 되심과 임금 되심을 인정하기 싫어하지. 바로 그런 교만한 마음으로 창세기를 읽으면 하나님이 선악과를 만드신 사건이나 아담과 하와에 대한 형벌 사건 등이 곱게 보이지 않고, 하나님이 폭군처럼 화풀이를 하고 계신 듯 느껴진다네. 그러나 그것은 오히려 하나님께 대한 우리의 교만과 분노에서 나오는 잘못된 생각일세. 창세기 1장 28절과 2장 17절에서 보여 주는 것처럼 하나님은 아담과 하와를 넘치는 사랑과 은혜와 관대함으로 대하고 인격적으로 대하면서 그들의 자유와 선택권을 존중하셨네. 하나님은 그야말로 자신의 성품과 일관된 모습을 보여 주셨지.

그뿐인가? 심지어 당신의 은혜와 사랑을 잊어버리고, 배은망덕하게도 당신의 왕권에 도전하며 반역과 반란을 일으켰을 때도 그들에 대한 긍휼을 잊지 않으셨지. 그들의 수치를 가려 주시기 위해 짐승의 피를 흘려 가죽옷을 지어 입히신 것도 예가 되겠네. 그렇다면 하나님에 대한 우리의 시각이 훨씬 더 문제가 있는 것 아닐까?"

이제야 알겠다는 듯 연거푸 머리를 끄덕이는 루커스의 얼굴에는 미소가 가득했다. 루커스와 대화를 나누다 보니 하나님의 사랑과 은혜에 더욱 감사한 마음이 들었다.

중요 용어
다시 보기

하나님의 인격성
God's personality

사람이 짐승과 다른 점은 인격을 가지고 있다는 점이다. 사람의 인격성은 지성과 감성과 의지와 의사소통을 통해 다른 사람과 관계 맺는 능력과 관련된다. 성경은 이런 인격성을 창조하신 하나님 역시 인격적인 하나님이심을 선포한다.

죄
sin

하나님의 무한한 권위와 주권에 반역하는 행위로, 겉으로 드러나는 말이나 행동 이전에 사람의 마음속에서 이미 시작된다. 성경은 거듭나지 않은 사람의 마음이 "만물보다 거짓되고 심히 부패한 것"(렘 17:9)이라고 말한다.

토의 문제

01- 하나님이 인격적이신 분이라는 말은 무엇을 의미하는가?

02- 하나님의 인격성과 사람의 인격성 사이의 유사성과 차이점은 무엇일까?

03- 아담과 하와가 지은 죄의 성격과 예수님이 정죄 받은 죄목을 비교하고 토의해 보라.

07

구약과 신약의 하나님은 완전히 다른 분 같아요

종교철학이 종교와 신앙에 관계된 문제들을 철학적으로 검토하고 반성하는 과목이라면, 기독교 변증학Christian Apologetics은 기독교의 진리성에 대한 세속적 지성의 비판과 공격에 대항하여 기독교의 진리 됨을 변호해 가는 과목이다. 학교에 있다 보면 다양한 과목을 가르치게 되는데, 그중 내가 특히 좋아하는 과목은 기독교 변증학이다. 이번 학기 수강생 중에는 루커스도 있었다.

하루는 강의를 마치고 연구실에서 다음 강의를 준비하고 있는데 루커스가 찾아왔다.

심판의 하나님? 사랑의 하나님?

"교수님, 지금 바쁘신가요?"

"20~30분 정도 시간 낼 수 있는데……. 무슨 일이지?"

"예. 실은 제가 태국에서 온 학생에게 어제 복음을 전하다가 어려운 질문을 받았는데, 이번에도 제대로 답변을 못한 것 같아서요. 불교 신자인데 킹 칼리지에 들어와 기독교를 접한 뒤 성경을 읽기 시작했답니다. 창세기부터 신명기까지 모세오경은 그런대로 읽어 내려갔는데 여호수아와 사사기를 읽으면서 구약에 묘사되어 있는 하나님의 모습에 회의가 들었다고 하더군요."

"그래? 무슨 문제 때문이지? 루커스 자네가 제대로 답변해 주기 어려울 정도였다면 좀 어려운 질문 같은데……."

"그 학생의 말을 요약하면, 구약의 하나님이 신약의 하나님과 다른 분처럼 여겨진다는 것입니다. 교수님도 아시다시피 여호수아와 사사기를 읽으면 하나님이 이스라엘 백성에게 약속의 땅 가나안을 정복할 것을 명령하는 내용이 나오지 않습니까? 그런데 가나안 땅을 정복해 들어가는 이스라엘 백성들에게 하나님은 가나안 땅의 일곱 족속들을 멸하되 한 사람도 빠지지 않고 심지어 아이들과 부녀자들까지도 다 죽이라고 명령하십니다.

이 부분을 읽고 그 태국 학생은, 신약성경에 묘사된 대로 하나님은 세상을 극진히 사랑하셔서 독생자 예수 그리스도를 보내 주시고 그분의 십자가의 죽으심과 부활하심으로 말미암아 세상 모든 사람들에게 구원의 길을 열어 주신 사랑의 하나님인 줄 알았는데, 여호수아나 사사기에 묘사된 하나님은 엄격하다 못해 잔인하신 분으로 느껴진다고 합니다. 그러면서 구약의 하나님과 신약의 하나님이 다른 분인 것 같다고, 어느 하나님을 믿어야 할지 모르겠다고 불평하더군요. 저도 그 학생 이야기를 듣고 어떻게 말해 주어야 할지 매우 난감했습니다."

나는 그 태국에서 온 학생이 정말 꼭 짚고 넘어가야 할 심각한 문제를 잘 지적했다고 생각했다. 그가 지적한 문제는 하나님의 성품과 성경의 통일성 등 다양한 문제와 연결되어 있기 때문이다.

"루커스, 나는 자네가 그 질문에 적절한 답변을 해주지 못한 것을 이해하네. 어떤 사람은 이 문제를 별것 아닌 것으로 치부하고 넘어갈 수도 있지만 어떤 사람에게는 이 문제가 기독교의 신뢰성과 직결된 문제로 보일 수 있다네. 예를 들어, 자유주의 신학자들이나 종교다원주의자들 가운데 많은 이들이 이 문제를 놓고 기독교가 유대교라는 부족 종교로부터 오랜 진화 과정을 거쳐 세계 종교가 되었고, 그 진화 과정에서 상호 모순되는 내용들이 성경을 채우게 되었다고 주장하지. 그들은 결국 성경의 모순점을 강조하여 성경의 신뢰성이나 기독교의 유일성, 하나님의 독특하심을 거부하는 이유로 삼지."

"아, 그렇군요! 이 문제가 그렇게 중요하군요!"

"사실 나도 그 문제로 씨름한 적이 있네. '하나님이 그렇게 심한 명령을 내리실 필요가 있었을까?' '모든 인류를 사랑하시는 하나님이라면서 가나안 족속을 너무 심하게 다루신 것은 아닌가?' '여호수아와 사사기가 묘사하는 하나님은 고대 이스라엘의 부족 신앙이 신봉한 하나님이니 신약의 하나님과는 다른 분 아닐까?' 이런 질문들이 꼬리에 꼬리를 물고 일어났다네."

루커스는 고개를 끄덕이며 물었다.

"그렇다면 교수님은 이 문제에 대한 답변을 가지고 계신 건가요? 저는 이 답답함을 교수님이 풀어 주시리라 믿고 찾아왔는데요…….”

“자네가 나를 믿어 주는 것은 정말 고맙네. 그럼 내가 성경을 읽고 내린 결론을 말해 보겠네. 일단 창세기 1장을 보면 하나님의 창조 기사가 나오지 않나? 그 중에 특히 주목해야 할 내용은 1장 26절에서 28절 말씀이네. 한번 찾아서 1장 28절을 읽어 보겠나?”

루커스는 책상에 있는 성경을 찾아 읽었다.

“하나님이 그들에게 복을 주시며 하나님이 그들에게 이르시되 생육하고 번성하여 땅에 충만하라, 땅을 정복하라, 바다의 물고기와 하늘의 새와 땅에 움직이는 모든 생물을 다스리라 하시니라.”

“그 말씀을 보면 하나님이 만물과 사람을 창조하시고 그들에게 복을 주시는 것을 알 수 있지. 이것은 구약의 하나님을 바르게 이해하는 데 매우 중요한 실마리를 준다네. 즉, 구약의 하나님 역시 사람과 만물에게 복 주기 기뻐하시는 사랑과 은혜의 하나님이시라는 점일세.

그러나 이 사랑의 하나님은 3장에서 보듯이 아담과 하와가 죄를 범하였을 때 당신의 의로우심을 따라 죄인을 심판하는 모습으로 나타나시지. 결국 구약이 묘사하는 하나님은 사랑의 하나님이시자 의로운 하나님이시지. 하나님은 의와 거룩함이 결핍된 사랑만 있는 하나님도, 사랑과 자비가 결핍된 의와 거룩만 있는 하나님도 아니시라는 사실이 중요하다네. 이렇게 볼 때 구약의 하나님과 신약의 하나님은 동일한 분임을 알 수 있네. 모두 은혜와 진리의 하나님, 의와 사랑의 하나님이시기 때문이지."

"맞습니다, 교수님! 저도 어렴풋하게나마 그 점을 이해하고 있었는데, 막상 질문을 받았을 때는 제대로 답변을 못했습니다. 그렇다면 여호수아와 사사기의 하나님의 엄격하신 모습은 하나님의 의로우심과 거룩하심을 나타내는 것이라고 보면 되겠네요."

"그렇다네. 하나님이 아브라함과 이삭과 야곱에게 가나안 땅을 주겠다고 약속하셨지. 그런데 그 땅에 죄악이 관영할 때에야 비로소 이스라엘이 가나안 땅을 차지할 것이라고 하셨어(창15:16). 이 말이 무엇을 의미하느냐면, 하나님은 가나안의 죄악을 이스라엘을 통해 심판하시겠다는 말씀이지.

가나안 족속들은 우상숭배와 음란 등 심각한 죄악 속에서 하나님을 반역하는 삶을 살고 있었네. 그렇기 때문에 하나님이 그들을 심판하실 수밖에 없었음을 기억할 필요가 있네. 즉, 가나안의 죄악에 대한 하나님의 의로우신 심판을 이스라엘의 군사적 정복이라는 사건을 통해 이루실 것을 암시하신 것이지. 우리는 하나님이 군사적인 정복 전쟁을 좋아하셔서 그렇게 명령하신 것이 아니라는 사실을 이해해야 한다네. 따라서 가나안 사람을 모두 멸하라는 명령은 하나님의 심판의 엄격함과 철저함을 보여 주는 것이지. 이 사건을 하나님의 거룩하심과 공의라는 관점에서 이해하지 않으면, 하나님을 잔인하다고 주장하는 입장에 쉽게 빠져들 수밖에 없네."

가나안 정복 사건의 의미

"그렇군요. 이제 잘 이해할 수 있겠습니다. 그런데 한 가지 질문이 더 있습니다. 가나안 정복이라는 하나님의 심판 사건은 하나님의 공의의 실현이라는 측면과 함께 또 다른 중요한 측면이 있는 듯 보이는데요?"

"핵심을 잘 짚었네! 자네 그걸 어떻게 알았지? 가나안 정복 사건의 또 다른 측면은 하나님이 세계 복음화를 실현하기 위한 도구로 이스라엘을 준비해 가시면서 이스라엘이 거룩한 제사장 나라가 되기를 원하셨던 것과 관계있지. 그러니까 가나안 땅에 거룩하지 못한 옛 풍습이나 우상숭배적 잔재가 남지 않게 하기 위해 그토록 철저하게 가나안을 청결케 할 것을 명령하신 것이라네. 신약에서 보면, 이스라엘의 가나안 정복은 우리 그리스도인들이 예수님을 믿고 거듭나고 중생해서 성화의 삶을 살아가는 과정과 연결된다네. 그 과정에서 죄와 싸우되 피 흘리기까지 싸우며, 우리 안에 있는 죄의 세력을 철저히 쳐 복종시키고 몰아내기를 원하시는 하나님의 열심을 여호수아와 사사기에서 읽을 수 있지. 당시 죽어 간 가나안 사람들은 자신들의 죄악에 대한 하나님의 정당한 심판과 형벌을 받은 것으로 받아들이고, 하나님은 그 사건을 통해 다양한 목적을 이루어 가신다고 이해하는 것이 이 사건을 성경적으로 보는 것이 되겠지."

"교수님의 설명을 들으니 그 태국 학생을 다시 만나더라도 자신 있게 대답해 줄 수 있을 것 같습니다. 결국 교수님 말씀은 하나님의 거룩하심과 사랑은 분리해서 이해해야 하는 것이 아니라, 항상 함께 존재하는 것으로 혹은 완전히 조화되는 것으로 이해해야 된다는 뜻이죠?"

"그렇다네. 신구약 성경 곳곳에서 하나님의 거룩하심을 천명하고 있다네. 하나님과 피조물을 구별해 주는 특성은 바로 '하나님의 거룩하심'일세. 하나님의 거룩하심은 하나님의 의로우심과 도덕적 완전성을 뜻하며, 죄악을 미워하시는 성품과 긴밀히 연결되어 있지. 그래서 성경에는 때로 하나님이 엄격한 분으로 묘사되어 있다네. 하지만 하나님은 사랑과 자비가 풍성하신 분이기 때문에 엄격함만으로 행하는 것이 아니라 관대함과 불쌍히 여기는 마음으로 행하는 분이시기도 하지."

"잘 알겠습니다."

"그동안 꽤 많은 대화를 나누었는데, 내 설명을 듣고 자네가 얻은 교훈은 무엇인가?"

"하나님은 아담과 하와를 지으시고 은혜로 그들에게 하나님 나라를 이루라고 복 주셨다는 것입니다. 이 사실은 하나님의 은혜와 자비와 사랑을 드러내는 것이라고 생각합니다. 동시에 하나님은 하나님 나라의 질서를 자유와 순종의 원리로 확립하셨죠. 이는 하나님의 사랑이 원칙 없는 불장난 같은 사랑이 아니라 하나님의 거룩하신 성품에 기초된 것임을 가르치는 것이라고 믿습니다. 그리고 사람을 로봇이나 기계로 만들지 않으시고 자발적인 결정을 통해 하나님을 사랑하고 순종하는 인격적 존재로 만드시겠다는 하나님의 결정을 나타내는 것이기도 하고요. 그러한 하나님께 우리는 감사의 마음과 순종의 자세를 견지해야 한다는 것이 주된 교훈인 것 같습니다."

루커스는 내 설명을 듣고 꽤 많은 것을 느낀 듯 흐뭇해했다. 루커스의 궁금증을 해소하는 데 조금이나마 도움이 된 것 같아 나도 흐뭇했다.

중요 용어 다시 보기

변증학
apologetics

기독교 진리에 대한 세속적인 지성의 도전으로부터 기독교 진리를 방어하고 변호하는 신학의 한 분야. 변증학은 전도와 선교를 위한 다리 놓기 작업과 연결된다.

하나님의 사랑과 의

성경은 하나님을 의가 없이 사랑만 있는 분도, 사랑 없이 의만 있는 분도 아니라고 가르친다. 하나님의 의와 사랑은 서로 구별되지만 분리될 수 없다. 하나님은 언제나 우리를 사랑하되 의로운 분이시다.

성경의 초자연적 성격

성경은 많은 사건들을 통해 나타난 하나님의 초자연적인 간섭과 역사를 기록하고 있다. 특히 천사나 마귀와 같은 영적 존재들과 예수 그리스도와 선지자, 사도들이 행한 기적들이 성경의 초자연적 성격과 관련된다.

토의 문제

01- 구약의 하나님을 신약의 하나님과 다른 분으로 오해하게 되는 이유는 무엇일까?

02- 구약성경에서 하나님의 은혜와 사랑과 긍휼을 강조하는 구절들을 찾아 나누어 보라.

03- 신약성경에서 하나님의 거룩하심과 공의로우심을 강조하는 구절들을 찾아 나누어 보라.

#3

하나님의 존재가 의심스럽다?

08- 하나님을 증명할 수 있나요?

09- 선하고 전능하신 하나님이 왜 악을 제거하지 않으시죠?

10- 왜 나에게 고난이 오는 건가요?

08

하나님을 증명할 수 있나요?

내가 킹 칼리지에서 학생들을 가르치기 시작한 것은 2000년 8월부터다. 나는 신학 교수는 교수로만 남아서는 안 된다는 확신을 늘 품어 왔다. 신학 교수는 아카데미에서 학문을 연마하고 전수하는 역할뿐만 아니라, 양질의 영적 양식을 성도들에게 먹이는 목회자로서의 역할도 반드시 감당해야 한다고 생각해 왔다. 교회라는 신앙 공동체와 목회 현장을 떠나 상아탑에 안주하는 신학은 사람의 지성을 자극하고 지적인 호기심을 만족시킬 수는 있어도, 심령을 뜨겁게 하고 영혼을 변화시키고 역사와 사회에 선한 영향력을 미칠 수는 없기 때문이다.

이런 생각을 해오던 차에 내가 살고 있는 트라이시티 지역의 작은 한인교회에서 성도들을 섬기며 목회할 수 있는 기회가 주어졌다. 사실 두 일을 병행하기가 쉽지는 않지만, 그래도 최선을 다해 사역을 감당하고 있다.

우리 교회의 구성원은 크게 세 부류로 나눌 수 있다. 미국인과 국재결혼을 해서 미국에 와 살고 있는 사람들, 한국에서 사업이나 다른 목적을 위해 이민 온 사람들, 그리고 이 지역의 대학에 유학 오거나 교환학생으로 온 학생들이다.

주일 오전 예배를 드린 뒤 우리 교회 식구들은 거의 항상 점심 식사를 같이한다. 하지만 장년부와 청년부가 좀 떨어져 앉아 식사를 해서, 청년부원들과 식사할 기회가 그리 많지 않다. 그날도 남자 성도들 곁에서 식사를 하려고 막 숟가락을 드는데, 청년부의 세정이가 다가왔다. 세정이는 계명대학에서 교환학생으로 왔다가 아예 킹칼리지에 전학을 해 다니고 있었다. 이곳에 와 세례를 받고 신앙생활에도 열심이었다.

무신론자에게 어떻게 복음을 전하죠?

"목사님, 오늘은 저희하고 같이 식사하면 좋겠어요. 괜찮으시죠?"

"그래, 청년들이 모두 원한다면 그렇게 하지. 그런데 뭐 특별한 이유라도 있니?"

"실은, 목사님께 좀 여쭙고 싶은 게 있어서요."

"그래? 무슨 내용인지 궁금한걸!"

나는 식판을 들고 청년부원들이 모여 식사하고 있는 방으로 자리를 옮겼다. 식탁에는 경애 자매님의 두 아들 경문이와 호원이, 그리고 이 지역을 방문하고 있는 경문이 친구 영수, 또 지난해 청년부를 지도한 바 있는 이창우 전도사, 새로운 교환학생으로 이곳에 온 의식, 광우, 재문, 원주, 은수, 준상, 혜원, 희정이가 둘러앉아 있었다.

"세정아, 무슨 이야기니?"

"네. 아주 근본적인 문제인데요, 목사님이 들으시면 좀 의아해하실 거예요."

"근본적인 문제라. 도대체 무슨 문제기에 우리 세정이가 이렇게 뜸을 들이지?"

옆에서 듣고 있던 이 전도사가 말문을 열었다.

"하나님의 존재에 대한 질문인 것 같습니다. 세정이가 홍콩에서 온 친구와 이야기를 나누다가, 그 친구의 질문에 제대로 답변을 못해 주었나 봅니다."

"하나님의 존재에 대한 질문이라……. 세정아, 구체적으로 좀 말해 주겠니?"

"목사님, 홍콩에서 온 중국인 여학생 제시카에게 지난주에 복음을 전하려고 했는데요, 본론으로 들어가기도 전에 제시카의 첫 질문에 당했어요. 제대로 답변을 못 했거든요. 제시카가 대뜸 저에게 '하나님이 존재하신다는 증거를 대 볼래?' 하는 거예요. 자기는 확실한 증거 없이는 못 믿겠다고. 이렇게 저렇게 설명을 하긴 했는데 제 말이 별로 설득력이 없었던가 봐요. 실패로 끝난 것 같아요."

세정이의 얼굴이 어느새 상기되어 있었다. 그러자 옆에서 듣고 있던 경문이가 거들기 시작했다. 경문이는 앞으로 전문 요리사가 되는 게 꿈이었다.

“목사님, 저도 제가 일하는 중국 식당에서 가끔 중국 학생들을 만나거든요. 그들에게 복음을 전하려고 하면, 제일 걸리는 문제가 하나님의 존재에 대한 거예요. 특히 중국 본토에서 온 학생들은 무신론적인 공산주의의 영향을 오래 받았기 때문인지 하나님의 존재에 대해 쉽게 수긍하지 않는 것 같습니다.”

경문이의 말도 일리가 있었다. 나도 캠퍼스에서 중국 본토에서 온 학생들을 가끔 만나 전도하려 했는데 쉽지 않았다. 중국이 오랫동안 공산주의 사회였다는 사실과 무관하지 않은 것 같았다.

“하나님의 존재를 증명해 보라! 그거 쉬운 질문은 아닌데. 이창우 전도사님, 혹시 학교에서 강의 시간에 배운 내용 좀 기억 납니까?”

이창우 전도사는 파트타임으로 우리 교회를 섬기면서, 이 지역의 임마누엘 신학교에서 석사과정을 밟고 있었다.

“신학개론 시간에 하나님의 존재하심에 대한 존재론적 논증과 목적론적 논증, 우주론적 논증에 대해 배운 적이 있습니다.”

“그래요? 존재론적 논증이란 뭐지요?”

“존재론적 논증이란 중세 신학자 안셀름Anselm of Canterbury, 1033~1109의 주장으로, 하나님이란 개념의 정의 자체가 하나님의 존재를 함축한다는 것입니다. 안셀름은 하나님을 ‘하나님 그분보다 더 큰 존재를 생각할 수 없는 분’이라고 정의 내리고, 이런 분은 반드시 존재하게 마련이라는 논증을 폈습니다.”

“요점을 참 잘 말해 주었네요. 사실 안셀름의 존재론적 논증은 하나님의 존재를 증명하기 위한 시도라기보다는, 자신이 만난 하나님에 대한 개인적인 신앙고백으로 받아들일 때 더 의미가 있다고 생각합니다."

내가 이 말을 하고 있는데, 이영성 전도사가 들어왔다. 우리 교회 전도사로 섬기고 있는 이 전도사는 존슨 바이블 칼리지에서 신학 공부를 하고 있었다.

"영성 전도사님, 존슨 바이블 칼리지에서 하나님의 존재에 대한 목적론적 논증에 대해 배운 적 있습니까?"

"예, 제가 알기로 목적론적 논증은 토마스 아퀴나스Thomas Aquinas, 1225~1274와 영국의 종교철학자 윌리엄 팔리William Paley, 1743~1805가 제창한 것으로, 모든 만물의 질서와 아름다움은 그 배후에 어떤 설계자가 있음을 암시한다는 주장입니다."

"그래요, 이 전도사님이 잘 정리해 주셨네요. 현재 그래도 가장 많은 사람들이 받아들이는 입장은 우주 만물의 오묘한 질서와 정교한 법칙과 아름다움과 조화가 진화론자나 다른 종교인들이 주장하듯 우연의 산물이 아니라, 그 배후에 있는 어떤 설계자가 구체적인 목적을 가지고 고안한 것이라는 목적론적 논증이지. 이 주장이 하나님의 존재를 증명해 주지는 못하더라도, 암시하는 데까지는 나아간다는 사실에는 많은 사람들이 동의하고 있다네."

"그럼 우주론적 논증은 뭐죠?"

조용히 듣고 있던 호원이가 물었다. 호원이는 이 지역에 이민 온 학생으로, 앞으로 사업가가 되고 싶어 했다.

"우주론적 논증이란 이 세상 만물은 다 원인을 갖는데, 그 최초의 원인자가 바로 하나님이라는 주장이지. 이것도 어느 정도 일리는 있지만 하나님의 존재를 증명해 주지는 못한다고 보네."

하나님의 존재는 증명할 수 없다?

"그렇다면 목사님! 하나님의 존재는 영영 증명할 수 없는 겁니까?"

영수가 다급히 물었다. 나는 잠깐 숨을 고른 다음 다시 말을 이었다.

"그렇지. 일단 우리가 전제로서 받아들여야 할 것은 하나님의 존재는 증명의 대상이라기보다는 믿음의 대상이라는 거야. 히브리서 11장 1절에 보면 '믿음은 바라는 것들의 실상이요 보지 못하는 것들의 증거니'라는 말씀이 있지. 즉, 믿음은 보이지 않는 세계와 아직 우리에게 다가오지 않은 소망의 세계를 보고 확인하게 해주는 것이란 뜻이지."

"목사님 말씀은, 믿음이란 보이지 않는 세계를 보는 영적인 눈을 의미한다는 것이죠?"

혜원이가 끼어들었다. 숙명여대에서 온 혜원이는 정치학 교수가 되는 게 꿈이었다.

"그래, 혜원아. 비록 하나님이 우리 눈에 보이시지는 않지만, 그 사실만으로 하나님은 존재하시지 않는다고 결론 내리는 것은, 공기가 우리 눈에 보이지 않는다고 해서 공기가 없다고 주장하는 것과 같다. 우주의 넓은 세계가 우리 눈에 보이지 않는다고 해서 그 세계가 존재하지 않는다고 주장하는 것과도 같지."

"그렇군요! 목사님 말씀을 듣고 생각해 보니, 우리는 일상생활에서 눈으로 보지 못하는 많은 부분을 믿음으로 보며 살아가고 있는 것 같습니다."

"그래, 경문이 말이 맞다. 우리가 볼 수 없는, 보지 못하는 부분이 훨씬 많다는 것과 우리가 들을 수 없는, 듣지 못하는 부분이 훨씬 많다는 것을 깨닫기 시작할 때, 즉 우리 감각 기능의 한계를 깨닫기 시작할 때, 우리는 믿음의 눈을 뜨게 되지. 하나님은 우리 눈으로 다 볼 수 없는 우주를 지으신, 우주보다 더 크신 분이기에 하나님을 보는 눈은 반드시 믿음의 눈이어야 한다는 말이지."

"목사님, 그렇더라도 하나님의 존재를 증명해 내라고 우기는 사람이 있다면 어떻게 해야 할까요?"

의식이가 매우 진지하게 물었다. 연세대학에서 교환학생으로 킹 칼리지에 온 의식이는 앞으로 경영 컨설턴트가 되려는 꿈을 갖고 있었다.

"그런 질문을 받을 때 우리는 겸손하게, 우리가 하나님의 존재를 증명할 수는 없다고 말하는 것이 중요하다네. 증명해 달라는 말 자체가 눈으로 볼 수 있게, 감각으로 느낄 수 있게 해달라는 말인데, 피조물인 우리는 하나님을 다른 사람의 눈에 보이거나 감각으로 느낄 수 있게 해줄 능력이 없지 않은가? 하지만 하나님의 존재를 증명하지는 못하더라도, 하나님의 존재를 암시하는 힌트들은 몇 가지 제시할 수 있지."

"하나님의 존재를 암시하는 힌트들이라고요? 그게 뭔가요? 매우 궁금한데요."

언제 들어왔는지 반주자로 봉사하는 광우가 물었다. 광우의 꿈은 선교사가 되는 것이다.

"어떤 학자들은 이러한 힌트들이 불신자들과 기독교 신앙의 접촉점이라고도 하지. 내가 옥스퍼드에서 공부할 때 지도교수였던 알리스터 맥그래스Alister E. McGrath 교수는 이러한 접촉점을 잘 활용하는 것이 기독교 신앙과 복음의 변증에 매우 유익하다고 주장하시지."

"목사님, 접촉점이라면? 그러한 접촉점을 활용해서 사람들이 하나님에 대한 신앙을 가질 수 있도록 자극하고 설득할 수 있다는 말씀이시죠?"

광우가 다시 물었다.

"광우, 자네 말이 맞네."

"그럼 그 접촉점들에 대해 말씀해 주세요."

원주가 끼어들었다. 숙명여대에서 교환학생으로 온 원주는 신앙생활에 충실할 뿐만 아니라 은사와 재능이 많은 학생이다.

불신자와 신자의 접촉점

"첫째로, 사람은 하나님의 형상으로 창조되었기 때문에 본질적으로 하나님 혹은 절대자에 대한 갈망이 있지. 즉, 하나님만이 채우실 수 있는 어떤 열망이 사람 속에 있다는 거야. 하나님을 믿는 사람들은 하나님으로부터 그 갈망을 채움 받지만, 하나님을 알지 못하고 믿지 못하는 사람들은 하나님만이 채우실 수 있는 부분을 다른 대체물로 채우려고 하지. 예를 들어, 돈이나 쾌락이나 명예, 인기나 권력 같은 우상들이 바로 하나님의 자리를 대신하게 된다네. 어거스틴Augustine, 354~430은 《고백록》에서 '당신께서 우리를 당신을 위해 만드셨기 때문에 우리의 마음은 당신 안에서 쉴 때까지 요동합니다'라고 말했지."

"그러니까 목사님 말씀은 사람에게는 뭔가 채워지지 않은 느낌, 만족되지 않은 갈망이 있다는 거군요? 그것이 하나님으로부터 채워지지 않으면 대체물을 좇게 되고, 그 때문에 결국 많은 사람이 파멸에 이른다고도 할 수 있겠네요."

"그래, 원주야. 참 잘 이해했구나! 그래서 우리는 하나님의 존재를 증명해 달라고 하는 그 사람에게, 우리에게는 채워지지 않는 갈망이 있고 그 갈망은 우리가 하나님의 형상으로 창조되었기 때문에 생긴다고 말해 줘야겠지. 아울러 오직 하나님만이 그러한 갈망을 채우실 수 있다는 점을 상기시킬 필요가 있어."

"그럼 그다음은 뭐죠?"

진지하게 듣고 있던 은수가 질문했다. 은수는 이화여대에서 온 교환학생으로, 앞으로 국제기구에서 일하고자 했다.

"사람은 누구나 자신의 한계와 죽음을 의식하며, 죽음에 대한 본능적인 두려움이 있지. 죽음을 이기고 영원히 살고 싶다는 갈망도 있어. 사람들은 자신에게 닥쳐올 죽음이라는 한계 상황을 초월하기를 열망하지만, 그렇게 하지 못하는 자신의 무능력과 한계에 도리어 절망하게 되지. 이러한 경험은 동서고금 남녀노소를 불문한 공통된 경험이라고 할 수 있네. 이런 한계 상황에 더 진지하게 맞닥뜨린 사람은 신앙을 갖거나 철학적 사유에 심취하거나 구도의 길을 걷게 되지."

"그렇군요. 중국 고대의 진시황도 불로초不老草를 찾으러 여기저기 다녔다는 이야기가 있는 것을 보면, 죽지 않고 영원히 살고 싶다는 열망은 인류에게 보편적인 현상 같아요."

은수가 고개를 끄덕이며 말했다.

"목사님, 그렇다면 죽음의 한계를 느끼고 영원히 살고 싶어 하는 사람에게 하나님을 어떻게 소개해야 하나요?"

재문이가 심각한 표정을 지으며 말했다. 계명대학에서 온 재문이는 미국학을 전공하고 있었다.

"죽음이라는 한계 상황을 직시하게 함으로써 내가 나의 인생이나 세계의 주인일 수 없다는 사실을 깨닫게 하는 것이 일차적으로 중요하겠지. 그다음에는 영원히 살고 싶다는 열망 자체가 바로 우리가 하나님의 형상을 따라 영원히 살 수 있는 존재로 창조되었기 때문에 생기는 것임을 암시한다는 사실을 알게 해야지. 성경은 하나님이 사람에게 영원을 사모하는 마음을 주셨다고 말하지(전 3:11). 그 말씀은 곧 하나님만이 우리에게 영원한 삶을 회복시켜 주실 수 있다는 사실을 함축하고 있네."

"그렇군요. 사람이 자신의 죽음에 대한 공포와 염려, 죽음 이후의 삶에 대한 두려움을 강하게 느끼면 느낄수록, 영원하신 하나님께로 돌아올 가능성이 높겠군요."

"그래, 재문아. 그렇단다."

"목사님, 절대적인 만족과 행복에 대한 갈망, 한계와 죽음에 대한 절망과 영원에 대한 갈망 외에 다른 접촉점은 없나요?"

숭실대학에서 온 준상이가 물었다. 준상이는 신학자와 선교사가 되려는 비전을 품고 있었다.

"한 가지가 더 있긴 하지. 이런 질문을 하는 걸 보니 준상이는 지금까지 내가 한 이야기가 그래도 일리 있다고 생각하는 것 같은데?"

"그럼요. 흥미진진하게 듣고 있는걸요. 세 번째 접촉점이 뭔데요?"

"세 번째 접촉점은 사람들이 보편적으로 가지고 있는 윤리와 도덕에 대한 의식이야. 비록 문화 차이 때문에 도덕적 규범이 조금씩 다르긴 해도, 어찌되었건 사람들은 옳고 그름, 선과 악, 의와 불의를 규정하는 규범에 관한 의식을 가지고 있고, 그 규범이 깨어지면 그것에 대해 분노나 상실감을 느끼게 되지. 죄의식을 느끼기도 하고."

"그렇다면 목사님은 윤리·도덕적 규범의 보편성을 전제하고 말씀하시는 건가요? 요즘 포스트모던주의자들은 윤리나 도덕의 보편성을 거부하고 상대주의를 주장하는 것 같던데요?"

"윤리·도덕적 상대주의는 일견 일리가 있어 보이더라도 결국에는 반박될 수밖에 없다네. 쉬운 예를 들어 보겠네. 어떤 문화권도, 심지어 일부다처제와 동성간의 결혼을 인정하는 문화권이라도, 남편이 아내 몰래 바람을 피워 간음한 것을 의롭거나 선한 것으로 칭찬하고 젊은이들에게 그렇게 살도록 권유하진 않는다네. 어떤 문화권도 자신에게 친절과 사랑을 베푼 사람을 죽이고 그 사람의 재산을 빼앗아 가는 것을 의롭고 선하고 아름다운 일이라고 칭찬하지 않지. 비록 규범에 대한 일탈 행위가 있다고 해도, 무엇이 선하고 아름답고 의로운 것인지에 대해서는 모든 문화권에 보편적으로 적용될 수 있는 암묵적 규범이 있다네."

"그렇다면 이 사실을 어떻게 활용해야 할까요?"

조용히 내 말을 곱씹으며 듣고 있던 희정이가 물었다. 숙명여대에서 온 희정이는 국제관계학 분야의 학자가 되기를 원했다.

"우선, 이런 도덕적 보편성 자체가 하나님으로부터 온 것임을 지적해 주어야겠지. 하나님이 사람을 당신의 형상으로 지으실 때 그 마음에 당신의 법을 심고 양심을 주셨네. 비록 죄로 인하여 그 양심이 무뎌진 것은 사실이지만, 여전히 사람의 양심은 선악이 무엇인지 가르쳐 주고 있지. 사람은 자신의 죄와 불의로 이러한 양심의 소리를 억압하고 있는 것이고.

둘째로, 그 사실을 입증해 주는 예로서 이야기해 줄 수 있는 것은 사람들은 불의가 불의로서 정죄되고 그에 상응하는 보응이 내려질 때, 그리고 의가 의로서 인정되고 그에 상응하는 보상이 내려질 때 기뻐하는 마음이 본능적으로 있다는 점이야.

셋째로, 사람은 누구나 자신이 과거에 저질렀거나 현재 저지르고 있는 죄를 숨기려 하지만, 그 죄에 대한 죄책감은 가지고 있다네. 이 점을 강조하면서, 죄를 용서받고 죄책감에서 해방되어 참되고 의롭게 살 수 있는 길은 오직 예수 그리스도께 나아오는 길밖에 없음을 알려 주어야겠지."

"목사님, 목사님의 말씀에 동의합니다. 하지만 이러한 접촉점을 활용한다 하더라도 모든 사람이 다 설득되어 하나님께로 돌아온다는 보장은 없지 않습니까?"

광표가 예리하게 물었다. 광표는 숭실대학에서 온 학생으로, 직장 복음화에 관심을 둔 청년이다.

"그렇다네. 사람을 하나님과 그리스도께 인도하기 위해 우리는 이러한 접촉점을 활용하는 등 최선을 다해야겠지만, 여전히 그 사람이 돌아오는 것은 성령님의 은혜가 아니면 불가능하기에 우리는 항상 성령님을 의지하면서 우리의 신앙을 변증하고 변호해 가야 하지."

청년들과 대화를 나누는 동안 이런저런 생각이 떠올랐다. 하나님이 사람의 눈에 보여 '이분이 하나님이다'라고 말할 수 있다면 이런 논쟁이 무슨 필요가 있겠는가? 하지만 그분은 우리 눈으로 볼 수 없는 분이기에 더욱 믿음이 중요한 것 아닌가? 함께 나눌 더 많은 이야깃거리들이 있었지만 오후 성경 공부가 있어서 자리를 옮겼다.

중요 용어 다시 보기

하나님의 존재 증명 종교철학의 한 분야로서 추론과 관찰을 통해 인격적인 신의 존재를 증명하려는 노력과 관계된다. 우주론적 논증, 목적론적 논증, 존재론적 논증, 도덕론적 논증 등이 있다.

우주론적 논증: 우주 만물의 움직임과 변화는 그 최초의 원인자를 요구한다는 전제에서, 우주 만물의 제일 원인을 하나님으로 보려는 입장. 토마스 아퀴나스가 대표적인 주창자다.

목적론적 논증: 자연 세계의 질서와 규칙성은 그 배후에 어떤 설계자가 있음을 말한다는 전제 아래, 우주 만물을 설계하고 그것에 목적과 질서를 부여한 분을 하나님으로 보려는 입장. 영국의 윌리엄 팔리가 대표적인 주창자다.

존재론적 논증: '하나님은 이런 분이시다'라는 정의로부터 하나님의 존재가 논리적으로 자연스럽게 도출된다는 입장. 중세 신학자 안셀름은 "하나님은 그분보다 더 큰 존재를 생각할 수 없는 분"이라고 정의한 후, 이 정의로부터 하나님의 존재를 증명하고자 했다.

도덕론적 논증: 인간의 마음속에 보편적으로 심겨진 도덕성이 있음을 전제하고 이 도덕성의 근원으로서 하나님의 존재가 요구된다는 주장. C. S. 루이스가 대표적인 주창자다.

토의 문제

01- 하나님의 존재를 증명할 수 없는 이유는 무엇인가?

02- 하나님의 존재를 암시하거나 지시하는 증거에는 어떤 것들이 있는가?

03- 기독교 변증의 과정에서 신자와 불신자의 접촉점을 활용하기 위해 우리가 준비해야 할 것들은 무엇인가?

09

선하고 전능하신 하나님이 왜 악을 제거하지 않으시죠?

종교철학 수업 중에 소위 '악의 문제'라는 고전적인 종교철학적 문제를 논리적으로 분석하고 이 문제를 해결하기 위해 제시된 여러 가지 신학적 · 철학적 답변들을 다룰 때가 있다. 하루는 이 내용으로 수업을 진행하고 있는데 조던 페닝턴Jordan Pennington이라는 학생이 유독 진지하게 강의를 들으며 중간 중간에 손을 들고 몇 가지 예리한 질문을 하였다. 조던은 역사학을 전공하면서 부전공으로 철학을 공부하고 있었고, 졸업 후에는 신대원이나 법학대학원에 진학해 전문적으로 학문을 연마할 계획이었다. 그는 학점이 거의 만점에 가까울 정도로 학업 능력이 뛰어날 뿐 아니라 복음적인 신앙인으로서 기독교 세계관 확립에도 큰 관심이 있었다. 하지만 수업이 끝난 뒤 조던은 뭔가 완전한 해답을 못 얻었다는 듯한 표정으로 내게 다가왔다.

신정론의 출발

"교수님, 오늘 시간 좀 내주실 수 있으신가요? 교수님과 꼭 나누고 싶은 이야기가 있는데요."

"그래, 무슨 일이지?"

"솔직히 말씀드리면, 오늘 교수님의 강의를 듣고 나서도 악의 문제에 대해 깔끔하게 정리가 되지 않네요. 몇 가지 질문도 드리고 싶고 교수님 입장도 듣고 싶습니다."

"그렇다면 오후 4시쯤 내 연구실로 오겠나? 자네 스케줄은 어떤가?"

"4시면 괜찮습니다. 그럼 그때 연구실에서 뵙겠습니다."

이렇게 헤어진 후 나는 연구실에서 다음 강의를 준비하고 있었다. 약속 시간이 다 되자 노크 소리가 들렸다.

"교수님, 저 조던입니다."

"어서 들어오게나. 이리 좀 앉지."

"그래, 더 궁금한 것이 무엇인가?"

"악의 문제에 대한 겁니다. 어거스틴Augustine, 354~430이 고민한 것처럼 하나님은 선하시고 전능하신 분인데 왜 악을 제거하지 않으시는지, 정말 이해가 안 되네요. 하나님이 선하신 분이라는 말은 분명 악을 미워하고 싫어하신다는 말씀이고, 이 말을 확장하면 하나님은 악을 제거하고 싶어 하실 것이라는 말도 되지 않습니까? 그렇다면 하나님은 전능하신 분이니까 마음만 먹으면 악을 제거할 수 있는 것 아닙니까? 따라서 악이 제거되지 않고 여전히 이 세상에 존재하는 것, 더 나아가 이 세상에 악이 가득 차 있다는 것은, 하나님은 전능하긴 하지만 선하지 않거나 선하긴 하지만 전능하지 않으신 분임을 반증하는 것 아니겠습니까?"

사실 조던은 악의 문제를 정확하게 이해하고 있었다. 그러나 몇 가지 더 설명해 주어야 할 부분이 있었다.

"그렇다네. 내가 보기에 자네는 악의 문제의 핵심을 제대로 파악했군. 그 악의 문제로 하나님을 비판하게 되니까, 이 세상에 악이 존재하더라도 여전히 하나님은 의로우시다는 것을 변호하려는 이론이 신정론이라네."

"신정론이라고요? 신정론은 어떻게 시작되었죠?"

"사실 어거스틴 자신이 악의 존재와 하나님의 의로우심 사이에 있는 모순을 발견하고 그 문제를 해결하기 위해 애쓸 때 신정론적인 작업을 하고 있었던 거지. 비록 그가 '신정론'이라는 단어를 사용하지는 않았다 하더라도 말일세. 내가 알기로는 계몽주의 시대에 활동한 독일의 수학자 겸 철학자 라이프니츠G. W. Leibniz 1646~1716가 최초로 신정론이라는 단어를 사용했네. 계몽주의 시대의 합리주의자들은 악이 여전히 이 땅에 존재한다는 사실은 전능하시고almighty 전적으로 선하신all-good 하나님이 존재하지 않으신다는 것을 반증한다고 강하게 주장했는데, 라이프니츠는 이러한 주장을 자기 나름대로 반박하려고 했거든."

"아, 그렇군요. 그렇다면 최초의 신정론자는 어거스틴이 되겠군요."

조던은 의기양양하게 말했다.

"아닐세, 조던. 어거스틴이 악의 문제를 놓고 고민하기 이전에 이미 초대 교부들 중에 이레네우스Irenaeus, 130?~200?가 악의 문제를 고민한 적이 있고, 실은 성경 인물 가운데 이미 예레미야, 욥, 하박국 같은 사람들이 악의 문제를 놓고 고민한 바 있네. 따라서 악의 문제는 인류의 역사만큼 오래된 문제라고 할 수 있지."

"예, 그렇군요."

어거스틴의 신정론

"이만하면 악의 문제 자체에 대한 이해는 된 것 같고, 남은 문제가 뭐지?"

"여전히 저를 괴롭히는 것은, 하나님은 왜 악을 제거하지 않고 그대로 놔두시는가 하는 것입니다. 수업 시간 내내 이 질문이 뇌리에 남아 있어서 교수님의 강의를 잘 소화할 수 없었습니다. 성경적이고 복음적인 입장에서 정리해 주시면 고맙겠습니다."

"자네가 이 문제 때문에 고민하는 것을 보니 내가 대학 다닐 때 이 문제로 고민하던 생각이 나는군. 일단 자네가 이해해야 할 것은, 신정론에도 여러 입장이 있다는 것이네. 대표적인 것으로는 어거스틴의 신정론이 있겠고, 어거스틴 이전에는 이레네우스의 신정론이 있지. 몰트만과 같은 신학자가 주창하는 십자가 신학적 신정론도 있고, 유대인 소설가 엘리 위젤 등이 주창하는 저항적 신정론도 있고……. 여기서 또 중요한 것은 어느 하나의 입장으로는 모든 문제가 해결되지 않는다는 사실이지. 여러 입장의 장점들을 결합할 때 어느 정도의 그림이 그려진다는 말일세."

"그러면 어거스틴의 입장에 대해 다시 한 번 말씀해 주시면 좋겠습니다."

"그러지. 본론으로 들어가기에 앞서 어거스틴의 삶에 대해 간략히 설명하겠네. 그는 어머니 모니카의 영향으로 신앙적인 가정에서 잘 자랐지만 사춘기 때 크게 방황하면서 이미 십대에 성적性的으로 탈선하여 사생아를 낳는 등 아주 방탕한 청춘을 보냈지. 그는 자신 속에 있는 죄의 본성으로 괴로워하다가 선과 악이라는 두 원리가 영원토록 충돌하면서 존재한다는 이원론을 주창하는 마니교에 빠졌고, 이후 영혼은 선하지만 육체는 악한 것으로 보는 영지주의적 신플라톤주의에 심취했다가 나중에 밀라노의 주교 암브로시우스Ambrosius, 339?~397의 설교를 듣고서 극적인 회심을 경험했지. 어거스틴의 삶에 대해서는 들어 본 적 있는가?"

"예, 서구사상사 과목을 수강할 때 들었습니다."

"어거스틴은 이러한 삶의 여정을 거치면서 자기의 죄 된 모습을 고민하고 죄와 싸워 온 삶의 과정을 《고백록》에 상세히 묘사했지. 이와 함께 로마가 야만족의 침입을 받고 몰락하는 시점에서 로마는 멸망하더라도 하나님의 나라는 결코 망하지 않는다는 사상을 역사철학적으로 서술한 《신의 도성》도 어거스틴의 대표작이네. 《신국론》이라고도 하지. 《고백록》과 《신국론》과 더불어 어거스틴 사역 말기에 있었던 영국의 신학자 펠라기우스Pelagius, 360?~420?와의 은혜에 관한 논쟁도 그가 신정론을 확립하는 데 크게 기여했다네."

"바로 그 펠라기우스와의 논쟁에서 원죄론을 확립하고 오직 하나님의 은총으로 말미암는 구원을 설파했지요?"

"그렇다네. 서론이 좀 길었지? 자, 이제 본론으로 들어가지. 한마디로 말해서 어거스틴은 인간의 자유의지를 강조하는 입장이네. 어거스틴은 하나님이 사람을 로봇으로 만드신 것이 아니라 자유의지를 가진 인격적 피조물로 만드셨다고 주장하네. 그렇기 때문에 죄악의 기원은 피조물인 인간이 창조주 하나님이 주신 자유의지를 오용하고 남용한 데 있다고 주장하지. 사람은 자유의지로 하나님을 버리고 하나님과 반대되는 것을 선택함으로써 스스로 파멸을 가져오게 되었지만, 하나님은 이러한 파멸과 그 결과로부터 사람을 구원하기 위해 예수님을 보내셨다는 거야."

"그렇다면, 하나님은 죄가 발생하는 것을 막을 수 없었다는 말씀인가요?"

"아니라네. 하나님이 죄가 발생하는 것을 막을 수 없었다는 말보다는 사람에게 온전한 자유의지를 주기 위해 죄가 발생하는 것을 허용하기로 계획하셨다는 말이 더 합당하지. 하나님은 죄를 혐오하시지만 다른 선한 목적들을 위해 당분간 허용하신다는 말이네."

"그럼, 그 선한 목적들 중의 하나가 사람을 로봇이 아닌 인격자로 만들고 그렇게 대우하시는 것이겠군요. 그렇죠?"

"그렇다네. 그 외에도 악의 존재를 허용하시어 예수 그리스도로 그 악을 정복하게 하시고 장차 최후 심판을 통해 악을 완전히 제거하심으로써 하나님의 거룩하심과 의로우심을 나타내는 측면도 있겠지."

"결국 교수님 말씀은, 어거스틴의 신정론에서 볼 수 있듯이 하나님이 무능하셔서 악을 제거하지 않은 것이 아니라, 사람을 자유의지를 가진 인격적인 존재로 대하기 위한 과정에서 발생하는 하나의 부산물 내지는 필요악으로 친히 감수하겠다고 결정 내리셨다는 말씀이군요. 따라서 죄악이 존재한다는 사실이 하나님의 전능하심과 모순되지 않을 뿐 아니라, 하나님의 선하심과도 괴리되지 않는다는 말씀이네요. 요즈음에도 어거스틴의 입장을 받아들이는 사람이 많은가요?"

"내 생각에 전통적인 복음주의 신학 진영에서는 여전히 어거스틴의 신정론이 큰 영향력을 행사하고 있네. 현대 기독교 철학의 대가 중 한 사람인 앨빈 플랜팅가Alvin Plantinga 교수도 어거스틴의 입장을 더 세련되게 전개하고 있지. 그리고 20세기 최고의 기독교 변증가로 인정받는 C. S. 루이스 역시 넓게 보아서 어거스틴의 입장을 따른다고 보네."

그 외의 신정론

"그렇다면 교수님, 어거스틴의 입장과 좀 다른 입장이

있을 것 같은데요?”

“어거스틴의 신정론과 크게 구별되는 입장은 어거스틴보다 조금 더 초기의 교부인 이레네우스의 신정론이 되겠지. 이레네우스 역시 초대교회 때 영지주의를 배격하고 성경적인 복음을 탁월하게 변증한 위대한 교부였어. 그는 사람의 자유의지보다는 죄악의 필요성을 더 강조하는 입장에 서 있었지.”

“죄악의 필요성이요? 그게 무슨 말씀이죠?”

“이레네우스는 하나님이 아담과 하와를 창조하실 때 자유의지를 책임 있게 사용할 수 있는 완전한 성인으로 창조하신 것이 아니라 어린아이로 창조하셨기 때문에, 타락 사건의 경우 있을 수 없는 일이 일어난 것이 아니라 반드시 일어나야 할 일이 일어난 것이라고 본다네. 타락 이후 인간은 계속해서 악과 선을 동시에 경험해 가며 죄악이 나쁘다는 것과 선이 좋다는 것을 배우게 되고, 그럼으로써 사람은 역사의 종말이 올 때야 비로소 성숙한 성인이 된다고 주장하네. 그러니까 죄악은 사람을 교육하고 훈련시키기 위한 필수적 도구인 거지.”

“교수님, 어떤 면에서 이레네우스의 주장도 일리 있는 것 같은데요.”

“어떤 면에서 말인가?”

“로마서 8장 28절에 보면, ‘하나님을 사랑하는 자 곧 그의 뜻대로 부르심을 입은 자들에게는 모든 것이 합력하여 선을 이루느니라’라는 말씀이 있지 않습니까? 이 말씀은 선과 악이 합력하여 결국 선을 이룬다는 의미로 해석할 수 있을 것 같은데요."

"사실 그 부분에 대한 해석이 매우 중요하네. 로마서 8장 28절의 전후 맥락을 살펴볼 때, 도덕적인 선과 악을 합하여 더 높은 차원의 선을 이룬다는 뜻으로 해석해서는 안 되네. 여기서 '모든 것'이라는 말은 우리가 그리스도인으로서 경험하는 어려움이나 고난을 포함하는 모든 것으로 이해해야 한다네. 우리가 범하는 죄악도 결국 우리에게 더 높은 차원의 선을 이루는 데 도움이 된다는 식으로 이 구절을 해석하면, 반복적으로 죄를 짓지 말 것을 명령하는 성경의 다른 본문들과 괴리될 수밖에 없지 않겠는가? 이런 관점에서 나는 이레네우스 신정론의 최대 약점은 거룩하신 하나님이 죄악을 혐오하고 증오한다는 사실을 약화시킨다는 점에 있다고 생각하네. 이레네우스의 경우, 죄악의 필요성을 너무 지나치게 강조하다 보니 하나님의 거룩하심을 손상시키는 오류를 범했다는 말이지. 자네, 그렇게 생각하지 않는가?"

"교수님 말씀이 옳습니다. 모든 것이 합력하여 선을 이루게 하시는 하나님의 역사가 우리의 죄악을 합리화시키는 이유가 되어서는 안 되지요. 히브리서 12장 4절 말씀대로 하나님은 우리가 피 흘리기까지 죄와 싸우기를 원하시니까요."

"그렇지! 따라서 로마서 8장 28절에서 말하는 '선'은 도덕적 선악 개념의 일부로서의 '선'이 아니라 '유익'이라는 의미로 이해해야 한다네."

"당연히 그렇죠! 그런데 교수님, 어거스틴과 이레네우스의 신정론 말고 몰트만과 같은 신학자들이 주장하는 십자가의 신정론이란 무엇인가요?”

“이들은 십자가 사건이 악의 문제를 해결하는 열쇠라고 본다네. 하나님이 당신의 아들을 십자가에 못 박아 죽게 한 사건은 죄악을 제거하지 못하시는 하나님의 무능함에 대한 책임 행위라는 것이지. 하나님은 전능하신 분으로서 죄악을 제거하려는 것이 아니라, 죄악이라는 신비스러운 문제를 십자가로 가져가서 그곳에서 스스로 죽음으로써 죄의 존재에 대한 당신의 책임을 다 지셨다는 것이지. 이러한 입장도 어느 정도 이해가 되긴 하지만 성경 전체 맥락과는 상당히 거리가 있는 견해인 것 같네. 자네는 어떻게 생각하는가?”

“저도 그런 생각이 듭니다. 이런 십자가 신정론은 기독교 신앙이 결코 받아들일 수 없는, 하나님의 무능하심을 주창하고 있는 것 같습니다. 엘리 위젤이라는 유대인 소설가의 저항적 신정론은 어떤 입장입니까?”

“엘리 위젤은 제2차 세계대전의 참상과 유대인 학살 현장을 체험하면서 죄악의 강력한 힘을 경험하게 되지. 따라서 이러한 죄악을 제거하지 못하시는 듯한 무능한 하나님과, 제거하려고도 하지 않는 듯한 선하지 않은 하나님에 대하여 저항하는 것만이 악의 문제에 대한 유일한 답변이라고 주장하네. 그는 하나님께 대한 저항과 더불어 모든 형태의 악에 대하여 인간이 취할 수 있는 유일한 선택은 저항이라고 하지. 특별히 구조적이고 정치적인 악에 대해서는 생명을 걸고 저항할 것을 주장한다네.”

"상당히 급진적이네요. 성경은 악을 악으로 갚지 말고 선으로 악을 이기라고 말씀하는데……. 제 경우 위젤의 입장은 신정론으로도 받아들이기가 힘든데요."

"그렇다네. 악의 존재라는 사실 앞에서 하나님의 선하심과 전능하심을 변호하기보다는 그것을 거부하는 입장으로 나아가고 있으니 말일세. 자, 이 정도면 상당히 정리가 된 듯한데 자네는 어느 입장에 더 끌리는가?"

"먼저 교수님 입장을 좀 말씀해 주십시오."

"나야 어거스틴의 입장이 성경에 가장 가깝다고 생각하네. 다른 입장도 조금씩 일리가 있지만, 어거스틴의 입장만큼 성경과 일치하지는 않는다고 생각한다네."

"저도 교수님과 같은 생각입니다. 악의 문제에 대해 많이 정리되어서 기쁩니다. 고맙습니다, 교수님."

"조던! 헤어지기 전에 자네가 이해한 어거스틴의 신정론에 대해 정리해 보는 게 도움이 될 것 같은데……. 어떤가?"

"예, 그게 좋겠습니다. 어거스틴은 악의 기원을 피조물이 하나님께로부터 부여 받은 자유의지와 선택권을 오용했기 때문이라고 주장합니다. 하나님이 악을 혐오하면서도 제거하지 않는 이유는 하나님의 무능함 때문이 아니라 사람을 인격적으로 대하는 과정에서 나오는 필요악으로서 당분간 허용하시겠다는 결정에 따른 것이고요. 그런 결정이 악한 것이 될 수 없음은 그 결정 배후에 있는 하나님의 의도가 여전히 선하시다는 사실 때문입니다. 그리고 하나님은 예수 그리스도 안에서 악을 완전히 정복하고 장차 악에 대해 영원한 심판을 내릴 것임을 분명하게 약속하셨습니다. 그리스도인들이 그들에게 남아 있는 죄악 때문에 고통을 당하더라도 성령님을 통해 넉넉히 이 과정을 견디며 나아갈 수 있게 돕겠다고 약속하셨으므로 하나님의 의로우심이나 거룩하심은 전혀 손상될 수 없습니다."

"음—. 자네 정말 잘 이해한 것 같네. 그런데 자네의 말 중 마지막 부분, 성령님의 역사에 대한 부분은 내가 이야기한 부분이 아닌데……."

"예, 그렇습니다. 하지만 교수님 말씀을 들으면서 자연스럽게 그런 생각이 들더라고요. 왜냐하면 하나님의 궁극적인 목적은 여전히 우리를 당신의 거룩하심에 참여하게 하시려는 것이니까요. 그리고 성령님의 역사야말로 우리를 거룩하게 하시는 그 일에 집중되어 있으니까요."

"맞았네, 조던! 우리가 유익한 시간을 보낸 것 같아 참 기쁘네."

"제게도 정말 좋은 시간이었습니다."

이렇게 해서 조던과 나의 긴 대화는 일단락되었다. 오랜만에 청년 시절로 돌아가 함께 고민할 수 있었던 좋은 만남이었다.

중요 용어 다시 보기

악의 문제
the problem of evil

'하나님이 선하시고 전능하신데 왜 이 세상에 악이 가득 차 있는가? 그렇다면 이것은 하나님의 선하심과 전능하심에 모순되는 것 아닌가'라는 질문과 관련이 있다. 이 질문에서 신정론이 출발한다.

신정론
theodicy

신학적·철학적으로 제기된 악의 문제에 대해 하나님의 선하심과 전능하심을 변호하는 이론. '신정론'이라는 말은 17세기 독일의 철학자 라이프니츠가 고안했으며, 고대로부터 다양한 신학자와 철학자 들이 신정론을 제시해 왔다.

이원론
dualism

페르시아의 조로아스터교나 마니교의 근본 교리로, 선한 신과 악한 신 또는 선의 원리와 악의 원리가 영원토록 서로 갈등하며 대적한다는 이론. 성경은 사탄의 역사도 하나님의 절대적인 통치하에 있다고 가르침으로써 이원론을 배격한다.

어거스틴과 펠라기우스의 논쟁

펠라기우스는 5세기 영국 출신의 신학자로서 원죄론을 부인하고 인간 본성의 선함을 주장하며 인간이 도덕법을 완성함으로써 스스로를 구원할 수 있다고 했다. 어거스틴은 펠라기우스의 주장을 논박하면서 원죄론과 은혜론을 확립했다.

토의 문제

01- 악의 문제가 왜 그토록 많은 사람들에게 신앙의 걸림돌이 되는 것일까?

02- 어거스틴의 신정론의 관점에서 나치가 행한 유대인 대학살은 어떻게 해명될 수 있을까?

03- 이레니우스의 신정론이 지닌 강점과 약점을 구별하여 토의해 보라.

10

왜 나에게 고난이 오는 건가요?

우리 교회에 열심히 출석하는 분 중에 한국인 아내를 둔 미국인 라비 후드Robby Hood 집사님이 있다. 이분은 포드나 지엠 같은 자동차 공장의 하청을 받아 차체를 코팅하여 납품하는 사업을 했다. 비록 대기업은 아니지만 짭짤한 중소기업임에는 틀림없었다. 신앙도 열정적이고 교회도 사랑하기에 그에게 집사로 섬길 것을 청했더니 흔쾌히 받아들였다.

언젠가 주일 예배를 마치고 교회 식구들이 함께 모여 점심 식사를 하는데 라비 후드 집사님이 내게 다가왔다.

고난과 고통의 문제

"목사님, 드릴 말씀이 있습니다."

"무슨 일인지요?"

"오늘 오후 예배 마치고 시간 어떠세요?"

"무슨 급한 일인가요?"

"목사님과 긴히 상의드릴 말씀이 있어서요. 저희 집에서 저녁 식사나 하면서 대화를 좀 했으면 좋겠습니다."

"그렇게 하죠. 오후 예배 마치고 별 스케줄이 없으니 제가 집사님 댁으로 가겠습니다."

이렇게 짤막한 대화를 주고받은 다음 점심 식사를 한 뒤 오후 예배를 마치고 라비 후드 집사님 댁으로 향했다. 후드 집사님은 나를 친절히 맞아 주며 집 안으로 안내했다. '집사님이 무슨 얘기를 하려는 걸까' 줄곧 궁금했기 때문에 나는 소파에 앉자마자 기도를 드린 후 대뜸 말을 꺼냈다.

"후드 집사님, 무슨 말씀을 하시려고 집에까지 초대하셨는지 무척 궁금하네요."

"그 이야기는 천천히 하도록 하고요……. 차는 뭘 드시겠습니까?"

"시원한 냉커피면 좋을 것 같네요."

잠시 후 아내 되는 박영애 집사님이 정말 시원한 냉커피를 내왔다. 한 모금 들이켠 나는 다시 물었다.

"이제 무슨 이야기인지 말씀해 보세요."

나의 재촉에 후드 집사님은 어렵게 말을 꺼냈다.

"저, 실은 요즘 하나님이 진짜 살아 계시는지 회의가 듭니다. 하나님이 저를 사랑하시는지에 대해서도 의심이 생깁니다. 목사님, 어쩌면 좋죠? 몸은 교회에 가서 앉아 있는데 자꾸 딴 생각이 나고요,

말씀도 잘 안 들어옵니다."

심각한 문제였다. 물론 누구에게나 이런 때가 있을 수 있지만 집사님의 경우 평소 모습과는 사뭇 달랐다.

"도대체 왜 그러시죠? 좀 솔직하게 말씀해 보세요."

"실은 제가 한 번도 말씀드린 적이 없는데, 제게 만성적인 질병이 있거든요."

"그러세요? 무슨 병인데요?"

"당뇨입니다."

"당뇨요? 혈당 수치가 높은가요?"

"예, 좀 높은 편입니다. 그런데 요즘 더 악화되는 게 큰 문제입니다. 더 나아질 기미는 없고 계속 나빠지고만 있으니……. 당뇨 때문에 심리적 · 육체적으로 많은 고통을 당하고 있어요. 이 고통 때문에 하나님에 대한 믿음도 식어 가는 것 같고요. 고난은 하나님의 존재와 사랑에 의심을 품게 하네요. 너무 힘듭니다. 설상가상으로 사업도 요즘 잘 안 돼서 많은 직원들을 해고해야 될 실정입니다. 사업 전망도 안 좋고……."

그의 말을 더 안 들어도 후드 집사님의 고민이 무엇인지 분명히 알 수 있었다. 고난과 고통의 문제였다. 여러 면에서 고난과 고통이 다가오니 믿음이 흔들리고 하나님의 선하심과 사랑, 더 나아가 하나님의 존재에 회의를 품게 되는 것이었다.

"집사님, 집사님의 지금 상황은 참 안됐군요. 저도 마음이 아픕니다. 하지만 한편으로 하나님께 감사한 마음이 드는군요."

"감사한 마음이라뇨?"

"이런 기회를 통해서 집사님이 고난과 고통의 문제를 어떻게 이해하고 이겨 나갈 것인지 배울 수 있게 되었으니까요. 집사님께 몇 가지 여쭙겠습니다."

"예, 말씀하세요."

"지금 당하시는 육체적인 고통과 사업상의 어려움이 혹시 집사님이 하나님께 지은 죄에 대한 형벌이라고 생각하시는지요?"

"그럴 수도 있다고 생각합니다. 하지만 동시에 억울하게 생각되는 것은, 제가 그래도 그동안 교회를 위해 한다고 했는데 이런 일이 생기니까 하나님께 막 화도 나고 원망과 불평도 생기네요. 하여튼 좀 답답합니다."

나는 이번 기회를 통해 집사님께 고난과 고통에 대한 성경적 입장을 정리해 주어야겠다고 생각했다.

잘못한 것이 없는데도 오는 고난

"집사님, 먼저 기억해야 될 것은 이겁니다. 고난과 고통이 그리스도인들에게 올 때는 둘 중 하나입니다. 먼저 우리가 하나님께 크게 잘못한 것이 없는데도 오는 고난이 있습니다."

"그런 고난이 있습니까? 우리가 두드러지게 잘못하지 않아도 하나님이 고난을 주신다고요? 좀 불공평하지 않습니까? 그런 말씀을 들으니 하나님이 의롭지 않으신 분처럼 느껴지는데요?"

"집사님, 제 이야기 더 들어 보세요. 지난번 우리가 성경공부할 때 욥기를 배웠죠? 기억나세요?"

"예."

"그때 왜 욥이 고난당했다고 했습니까? 욥이 두드러진 잘못을 범했기 때문인가요?"

"아니요, 욥은 하나님 앞에서 순전하게 살면서 하나님을 경외하고 악을 떠나 살던 사람인걸요."

"그런데 왜 욥이 고난을 당했나요?"

"하나님이 어떤 목적을 가지고 욥이 고난당하는 것을 허락하신 것 같습니다."

"그 목적이 무엇이었나요?"

"하나님의 의로우심과 전능하심을 가르치고 욥을 더 견고하게 하시려는 목적이었습니다. 하나님이 때로 당신의 백성들을 더 강하게 단련시키시기 위해 고난을 주신다는 것이 욥기의 메시지였죠."

"집사님, 성경공부 내용을 잘 기억하고 계시네요. 의로우신 하나님이 누구보다도 의롭게 살아가는 당신의 백성 욥에게 고난을 허락하신 것은 욥이 더 의롭게 살게 하시려고 그를 채찍질하고 훈련시키기 위한 것이었습니다. 욥의 친구들은 욥이 뭔가를 잘못했기 때문에 하나님이 고난을 주신 것이지 의롭게 살았다면 어떻게 의로우신 하나님이 욥에게 고난을 주실 수 있느냐면서 욥을 윽박질렀습니다. 하지만 하나님은 의롭고 선하신 의도로 욥에게 고난을 주셨습니다. 그러므로 욥이 당한 고난은 여전히 의로운 일이라는 것이 욥기의 메시지 중 하나입니다."

"목사님! 그 말씀을 요약하면, 고난이나 고통도 하나님의 사랑과 의로우심에서 나오는 선물일 수 있다는 말씀이네요!"

"그렇습니다. 물론 고난과 고통은 아픕니다. 괴롭습니다. 하지만 그 아픔과 괴로움을 견디면서 우리는 더 성숙해지고, 더 고결해지고, 더 그리스도다워지는 것입니다. 그래서 우리 그리스도인은 고난을 환영할 줄 아는 성숙함이 필요한 것입니다. 하나님이 사랑으로 허락하신 고난은 우리의 교만한 자아를 꺾고 하나님을 더 의지하게 해주는 아름다운 교육 도구가 될 수 있습니다. 욥이 모든 고통을 겪은 후 자신의 어리석음을 더 깊이 깨닫고 더 온전한 자리로 나아간 것이 바로 이 때문입니다."

후드 집사님의 눈에는 어느새 눈물이 고여 있었다. 그 눈물은 자신이 당하고 있는 고난에 대한 슬픔 때문이기도 했지만, 욥의 이야기를 듣고 위로와 도전을 받아 흘리는 것인 듯도 했다.

죄의 대가로 오는 고난

"집사님, 고난과 고통에 대한 이야기가 아직 끝난 것은 아닙니다. 또 다른 고난이 있습니다. 그것은 우리가 두드러진 죄를 지었을 때 하나님이 우리 죄에 대한 징계와 채찍으로 주시는 고난입니다. 대표적인 것으로 어떤 것이 있을까요?"

"다윗이 당한 고난이 그렇지 않을까요?"

“그 내용이 뭐죠?”

“다윗이 자신의 신복臣僕 우리아를 전장에 보내 죽게 하고 그 아내 밧세바와 통간한 죄를 지었을 때, 밧세바가 낳은 아들이 죽고 아들 압살롬이 반역을 일으키는 등 어려움을 겪지 않았습니까?”

“그렇습니다, 집사님! 하나님은 우리의 죄에 대해 많이 참으십니다. 그리고 우리가 깨닫고 자백하고 용서를 빌면 언제라도 용서해주십니다. 하지만 하나님이 보시기에 우리에게 징계가 필요하다 싶을 때는 심한 고난을 허락하시어 징계하시죠. 눈물을 흘리며 그 죄의 악성을 깨달아 다시는 그 죄를 짓지 않도록 하시는 것입니다. 히브리서 12장 말씀이 집사님께 도움이 될 것 같은데 찾아 읽어 보시겠어요?”

후드 집사님은 서재로 가서 성경을 들고 나왔다.

“히브리서 12장 몇 절 말씀이죠?”

“12장 5절에서 13절까지입니다.”

후드 집사님은 큰 목소리로 말씀을 읽기 시작했다.

“또 아들들에게 권하는 것같이 너희에게 권면하신 말씀도 잊었도다. 일렀으되 ‘내 아들아, 주의 징계하심을 경히 여기지 말며 그에게 꾸지람을 받을 때에 낙심하지 말라. 주께서 그 사랑하시는 자를 징계하시고 그가 받으시는 아들마다 채찍질하심이라’ 하였으니 너희가 참음은 징계를 받기 위함이라. 하나님이 아들과 같이 너희를 대우하시나니 어찌 아버지가 징계하지 않는 아들이 있으리요? 징계는 다 받는 것이거늘 너희에게 없으면 사생자요 친아들이 아니니라. 또 우리 육신의 아버지가 우리를 징계하여도 공경하였거든 하물며 모든 영의 아버지께 더욱 복종하며 살려 하지 않겠느냐? 그들은 잠시 자기의 뜻대로 우리를 징계하였거니와 오직 하나님은 우리의 유익을 위하여 그의 거룩하심에 참여하게 하시느니라. 무릇 징계가 당시에는 즐거워 보이지 않고 슬퍼 보이나 후에 그로 말미암아 연단받은 자들은 의와 평강의 열매를 맺느니라. 그러므로 피곤한 손과 연약한 무릎을 일으켜 세우고 너희 발을 위하여 곧은 길을 만들어 저는 다리로 하여금 어그러지지 않고 고침을 받게 하라."

"감사합니다, 집사님. 참 좋은 말씀이죠?"

"정말 그렇네요."

"이 본문에서 하나님은 우리에게 어떤 교훈을 주시는 것 같습니까?"

"우선, 하나님이 우리의 죄에 대한 징계로 고난을 주시는 것 역시 하나님의 사랑에서 비롯되었다는 것입니다."

"그렇습니다. 하나님이 우리를 사랑하지 않으시면 우리가 죄 짓는 대로 내버려 두시면 됩니다. 내버려 두시는 것이 실은 더 큰 심판이요 저주인 거지요. 그다음 교훈은요?"

"죄를 지어도 하나님으로부터 징계가 오지 않는다는 것은 우리가 하나님의 친아들이 아니라는 증거이며, 징계로 오는 고난 역시 괴로운 것이지만 궁극적으로 우리를 하나님의 거룩함과 의로움과 평강에 참예케 하므로 유익한 것이라는 교훈입니다."

"맞습니다, 집사님. 본문을 잘 이해하셨네요. 우리 죄에 대한 징계로 오는 고난 역시 아름답고, 선하고 의로운 열매를 맺게 됩니다. 그것은 우리 죄와 상관없이 연단을 위해 오는 고난이 우리를 더 고결하게 해주는 것과 같습니다. 이제 이 말씀에 비추어 집사님의 상황을 바라봅시다. 아직까지도 하나님의 존재와 사랑에 회의가 드십니까?"

"아닙니다, 목사님. 제가 잘 몰랐던 것 같습니다. 이제야 고난과 고통 속에 숨어 있는 하나님의 사랑을 이해하겠네요. 지금 제가 겪고 있는 육체적인 고난과 사업적인 고난은 모두 하나님이 저를 사랑하시기 때문에 온 것이지, 저를 미워하고 저주하시기 때문에 온 것이 아니라는 사실이 분명해졌습니다. 마음에 평강이 밀려오는 것 같습니다."

"집사님, 하나님을 찬송합시다! 제가 지난번 말씀드린 20세기 최고의 기독교 변증가 C. S. 루이스는 고통을 '귀먹은 세상을 불러 깨우는 하나님의 메가폰'이라고 묘사했습니다. 그러니까 고통이 죄인들을 일깨우는 메가폰이라는 말씀이죠. 일리가 있지 않습니까? 진정 우리 모두는 하나님이 사랑으로 허락하시는 고난과 고통을 믿음으로 잘 이겨 내고, 그 이후의 더 깊은 자리로 나아갈 수 있어야 하겠습니다."

"목사님, 감사합니다!"

그토록 고민에 빠져 있던 후드 집사님의 얼굴에 함박웃음이 피어나니 내 몸의 피로가 눈 녹듯 했다.

중요 용어 다시 보기

고난과 고통의 문제 the problem of pain and suffering	성경 욥기를 중심으로 제기된 질문으로, '의롭고 선한 사람에게 왜 말할 수 없는 고난과 고통이 닥치는가?' '의인은 실패를 거듭하는데도 악인은 왜 잘되는가?'라는 질문과 관련된다.
고난과 고통의 종류	고난과 고통이 그리스도인들에게 찾아올 때는 크게 두 가지를 생각해 볼 수 있다. 하나님 보시기에 크게 잘못을 저지르지 않았는데도 오는 고난과, 죄의 대가로 오는 고난이다. 전자의 경우, 고난은 하나님의 의로우신 선물로서 우리를 성숙하고 고결하고 그리스도인답게 하는 교육 도구가 된다. 후자의 경우, 다윗이 밧세바와 통간通姦한 뒤 찾아온 고난처럼 징계가 필요하다 싶을 때 내리시는 것으로, 하나님이 주신 고난을 통해 죄의 악성을 깨닫고 다시는 그런 죄를 짓지 않게 하기 위한 징계 방법이다. 결과적으로 이 두 고난은 하나님의 사랑의 표현으로서 믿는 이들을 더욱 성숙케 한다.

토의 문제

01- 모든 고난과 고통은 죄 때문에 온다고 하는 주장은 어떤 면에서 옳고 어떤 면에서 옳지 않은지 토의해 보라.

02- 고난과 고통을 통해 우리를 성숙하게 하시는 하나님의 의도를 깨닫고 수용하는 것이 왜 그토록 어려운가?

03- 자신의 삶 속에서 당한 고난과 고통, 그것을 통해 성숙하게 된 경험을 서로 나누어 보라.

#4

기독교는 우리 현실과 배치된다?

11- 성경과 과학, 서로 모순되는 것 같은데요?

12- 기독교는 너무 가부장적인 것 아닌가요?

13- 교파는 왜 그리 많은가요?

14- 성과 결혼에 관한 기독교의 관점은 너무 시대착오적이지 않나요?

15- 기독교는 일반 사회 · 정치 · 경제 · 문화에 대해
너무 무관심한 것 같아요

16- 기독교는 너무 자본주의적인 종교 아닌가요?

11

성경과 과학,
서로 모순되는 것 같은데요?

우리 교회에는 한국에서 유학 온 학생들이 많다. 유학생은 두 부류로 나뉘는데, 킹 칼리지와 협약을 맺고 있는 자매대학에서 온 교환학생들과, 미국의 좋은 대학원에 진학하기 위해 학부로 편입하거나 영어를 배우기 위해 온 학생들이다. 방학이 아닐 때는 약 20명의 유학생들이 장년들과 함께 예배드리며, 따로 청년부도 조직하여 성경공부를 하고 친목을 다지며 교제를 나눈다.

하루는 우리 교회 정향순 집사님이 청년들을 초대하여 식사 대접을 했다. 나도 함께 초대되어 청년들과 좋은 시간을 보낼 수 있었다. 식사를 한 뒤 디저트로 케이크를 먹으며 즐거운 이야기로 웃음꽃을 피우고 있을 무렵, 한 청년이 내게 다가왔다. 한국에서 물리학을 공부하고 킹 칼리지로 편입하여 4학년 마지막 학기를 다니는 김범수 형제였다.

과학과 신앙, 만날 수 없는 선?

"목사님, 오늘 바쁘지 않으세요? 언제쯤 돌아가셔야 하나요?"

"그렇게 바쁘진 않은데, 왜 그러는가?"

"목사님께 꼭 좀 말씀드릴 것이 있어서요. 언젠가 한번은 정리하고 넘어가야 할 문제가 있는데, 오늘 시간 괜찮으시면 여쭙고 싶어서요."

"혹시, 여자 친구 생긴 것 아닌가?"

"그런 것은 아니고요, 제가 공부하는 분야와 신앙의 관계에 대한 이야기입니다."

"그럼, 물리학과 신앙의 관계를 묻는 건가? 어쩌지, 나도 물리학에 대해서는 별로 아는 것이 없는데."

"목사님, 물리학에서 배우는 어떤 내용에 대한 게 아니고요, 전반적인 과학의 영역과 신앙의 관계에 대해서입니다."

그제야 나는 범수 형제가 말하고 싶어 하는 것이 무엇인지 감 잡을 수 있었다. 범수 형제에게는 상당히 큰 고민거리인 듯했다.

"그래, 좋아. 그럼 자네 이야기 한번 들어 보세."

우리는 청년들이 모여 있는 곳에서 일어나 구석방으로 자리를 옮겨 앉았다.

"목사님, 요즘 제가 물리학을 공부하면서 느끼기에는 성경과 과학이 모순되는 것 같습니다."

"성경과 과학의 모순이라? 그래서 성경을 믿기가 어렵다는 말인가?"

"사실, 좀 그렇습니다."

"그렇다면, 자네는 어떤 면에서 성경이 과학과 모순된다고 생각하는가? 예를 들어 설명해 주겠나?"

"예. 우선 하나님의 존재에 대한 문제입니다. 거의 모든 과학자들은 하나님의 존재를 인정하거나 전제하지 않고 과학 작업을 수행합니다. 이런 과학자들의 세계관을 자연주의라고 부르죠."

"그래, 그것은 나도 알고 있네."

"자연주의적 세계관을 가지고 과학 작업을 함에도 이들이 발견한 과학적 진리를 실생활에 응용함으로써 인류 문화는 장족의 발전을 이루었고, 이 세상이 아주 편리하게 돌아가게 되었습니다. 이렇게 인류에게 유용한 도움을 주고 있는 과학은 하나님이 존재하시지 않는다는 것을 기정사실화하고 있으니 하나님의 존재하심을 확신하는 성경과는 모순될 수밖에 없지 않습니까?"

"그렇구먼. 그다음 모순은 무엇인가?"

"그다음은 창조론과 진화론의 모순입니다. 성경은 온 우주와 만물을 전능하신 하나님이 창조하셨다고 확언하는 반면, 대부분의 과학자는 우주 만물은 어떤 시작점이나 종말 없이 영원하다고 생각합니다. 과학자들의 세계관은 우주 만물을 창조하고 지배하는 초월적인 존재가 있어서 자신의 뜻과 목적에 따라 우주 만물을 다스리는 창조론이 아니라, 자연 법칙에 따라 만물이 점진적으로 생성·소멸·변화되어 간다는 진화론이 지배적입니다. 만일 과학자들의 진화론이 맞다면 성경의 창조론은 틀린 것이기 때문에 서로 모순된다고 생각합니다."

"결국 자네 말은 과학적인 세계관과 성경적인 세계관 사이에는 화해될 수 없는 근본적인 모순이 있는데, 그중 하나가 하나님의 존재에 대한 것이고 다른 하나가 창조와 진화에 대한 것이라는 말이군. 그렇지 않나?"

"예, 그렇습니다. 그런데 저는 성경이 말하는 하나님에 대한 신앙과 과학적 세계관 사이에서, 이 둘 중 어느 하나도 포기하지 않고 통합시키는 길이 없을까 하는 질문을 놓고 고민하고 있습니다. 과학과 성경은 궁극적으로 모순되는 것이 아니라 통합될 수 있다는 것을 확인하고 싶은 거죠. 혹시 이 점에 대해 생각해 본 적 있으신가요?"

과학의 한계

이 질문은 매우 중요했다. 특히 과학 분야에서 평생 일하고 싶어 하는 범수 형제 같은 사람에게는 더욱더 중요한 질문이었다. 일단 나는 범수 형제에게 과학의 한계에 대한 인식을 심어 주는 것이 우선이라고 생각하고 말을 이었다.

"범수! 자네가 지금까지 내게 한 말을 듣고 나는 자네가 과학을 상당히 신뢰하고 있다고 느꼈네. 과학이 발견한 진리가 인류 역사에 유익한 영향을 끼친 것을 자네는 상당히 높이 평가하는 것 같네. 하지만 나는 과학과 성경의 모순이나 통합을 이야기하기 전에 과학이란 무엇인지, 특히 과학의 한계가 무엇인지에 대한 깊은 인식이 필요하다고 생각하네."

"과학의 한계라고요?"

"뭘 그렇게 놀라는가? 자네는 과학의 한계에 대해 생각해 본 적이 없는가?"

내 말에 범수 형제는 의외의 대답을 했다.

"솔직히 과학의 한계에 대해 별로 생각해 본 적이 없습니다. 저는 기본적으로 과학이 무한한 가능성이 있다고 생각하거든요. 그런데…… 과학에도 정말 한계가 있을까요?"

"나는 과학의 한계가 너무도 뚜렷하다고 생각하네. 예를 들어 설명해 보겠네. 현대인들은 마치 과학이 우리에게 필요한 모든 지식과 정보를 제공한다고 믿지만 과학적 방법으로 알 수 없는 것이 너무도 많다네. 과학적 방법을 통해 밝혀진 소위 과학적 진리라는 것은 사실상 우리에게 진정으로 필요한 근원적 지식을 주는 것이 아니라 기능적 지식만을 준다는 인상을 지울 수 없네."

"근원적 지식이라면 어떤 것이 있나요?"

"설명하자면 이런 것들이지. '우리는 어디에서 와서 어디로 가고 있는가'라는, 인간과 역사의 근원과 운명에 대해 과학이 정말 확실한 지식을 줄 수 있는가? '무엇이 선하고 아름답고 가치 있는가'와 연결된 가치관의 문제에 과학이 과연 확실한 지식을 줄 수 있는가? '무엇이 도덕적으로 옳고 그른 것인가'에 대한 윤리적 지식을 과학이 정말 줄 수 있는가? '어떤 삶이 참으로 의미 있는 삶인가'에 대한 확실한 지식을 과학이 정말 해결해 줄 수 있는가……?"

나의 계속되는 질문을 들으면서 범수 형제는 과학의 근원적 한계에 눈을 뜨는 듯했다.

"목사님 말씀은 과학이 우리에게 기능적으로 또는 기술적으로 유익한 지식을 제공한다 해도 삶의 근원적 질문에 대해서는 어떤 확실한 지식도 줄 수 없다는 것이군요! 그래서 과학은 어쩔 수 없는 한계가 있다는……."

"그렇다네. 하지만 과학은 지식적인 측면에서만 한계가 있는 게 아니라 능력 면에서도 한계가 있지."

"무슨 말씀이시죠?"

"과학은 결국 사람이 주체가 되어 벌이는 활동이기에 죽은 사람에게 생명을 주는 능력은 없다는 것이네. 다시 말해 과학은 이미 육신적으로 죽은 사람들에게 새로운 생명을 줄 수 없고, 영적으로 죽은 인간을 새롭게 변화시킬 수 없다네. 과학은 참된 능력이 있지 않다는 것이지. 결국 내가 하고 싶은 말은, 과학은 우리의 신앙의 대상이 되어서는 안 되고 오직 한계 내에서 유용하게 사용되어야 하는 도구란 사실이네."

"예! 목사님 말씀이 무슨 말씀인지 이제 좀 이해가 되는 것 같습니다."

"한 가지 더 중요한 예를 들겠네. 과학자들이 '하나님은 존재하지 않는다'라고 말하고 나서 그 진술이 과학적 진술이라고 주장한다면 그것은 스스로 엄청난 모순에 빠진 것이네."

"무슨 말씀이신지요?"

"과학적 방법론의 근본이 무엇인가? 관찰·예측·가설·실험·입증·응용 등이 아닌가? 그중에서도 특히 실험은 과학적 방법론에서 가장 중추적인 역할을 한다네. '하나님은 존재하지 않는다'라는 진술이 과학적 진술이 되려면, 하나님이 존재하는지 존재하지 않는지를 알기 위해 거시계와 미시계를 포함한 우주 전체에 적용될 수 있는 실험을 해보아야 하네. 실험을 해보지 않는 한 과학자들은 그런 주장을 과학적 주장이라고 내세울 수 없는 거지.

어떤 과학자가 우주의 모래알보다도 작은 지구에 살면서 우리 눈으로 볼 수 없고, 귀로 들을 수 없고, 만질 수 없다는 이유만으로 '하나님은 존재하지 않는다'라고 한다면, 그것은 과학적 진술이 아닌 신앙적 · 신념적 진술인 것을 인정해야 한다네. 과학은 하나님이 존재하신다는 것도 존재하시지 않는다는 것도 증명할 수 없지. 왜냐하면 철학자 칸트Immanuel Kant, 1724~1804가 말한 것처럼 과학은 인간의 감각으로 경험 가능한 세계만을 다룰 수 있기 때문이네. 하나님을 인간의 감각으로 경험할 수 없다는 이유만으로 존재하지 않는다고 하는 것은 과학이 주장할 수 있는 한계를 벗어난 주장이라는 말일세. 개연적으로 혹은 믿음으로 그렇게 주장할 뿐이지. 따라서 하나님의 존재나 비존재는 신앙의 영역에서 다루어야 할 일이지 과학의 영역에서 다룰 수 있는 문제가 아니라네. 이렇게 볼 때, 과학자가 주장할 수 있는 것은 '나는 하나님이 존재하는지 그렇지 않은지 알 수 없습니다'라는 말뿐이네."

"정말 그렇군요! 저는 그동안 너무 과학을 맹신해 온 것 같습니다. 무슨 이야기든 '과학적'이라는 말이 붙으면 의심해 보지도 않고 무조건 수용했던 것 같네요. 과학은 가치와 윤리와 의미와 신앙의 영역에 대해 별로 할 말이 없다는 것이 정확한 지적일 것 같습니다."

"그렇다네. 자, 다시 자네의 처음 질문으로 돌아가 보세. 과연 성경과 과학은 모순되는가? 어떻게 생각하나?"

"목사님 말씀을 들으니 성경과 과학은 모순될 수 없을 것 같습니다. 왜냐하면 성경과 과학은 같은 차원에서 대등하게 비교될 수 있는 것이 아니기 때문입니다. 그것은 성경이 본질적으로 과학적인 진술을 담은 책이 아니라 신앙적인 진술을 담은 책이기 때문이기도 합니다. 신앙의 세계를 다루는 성경과 자연 현상의 세계를 다루는 과학은 애당초 비교 대상이 될 수 없다는 생각이 드네요."

"그렇지! 내가 하려는 말도 바로 그것이라네. 과학은 과학으로서 겸손해야 하고 신앙의 영역을 신앙의 영역으로 존중해 주어야 한다네. 물론 신앙을 가진 사람도 겸손하게 과학의 영역을 과학의 영역으로 존중해 주어야 하고."

진화론은 과학적이고 창조론은 비과학적이다?

"목사님, 그렇더라도 제 질문에 대한 답변이 온전히 된 것 같지는 않습니다."

"왜 그렇지?"

"진화론과 창조론의 모순은 여전히 남아 있는 것 같은데요?"

"그래 맞아! 진화론이 남아 있었구먼. 자네는 진화론이 과학적이라고 생각하는가?"

"……."

범수는 내 질문에 쉽게 답하지 못했다.

"자네가 대답을 잘 못하니 내가 먼저 답해 보지. 나는 진화론을 과학과 신앙적 요소가 혼합된 하나의 신념 체계로 생각하네."

"과학과 신앙이 혼합되었다고요?"

"그렇다네. 내 설명을 들으면 자네도 이해가 될 걸세. 일단 진화론의 신앙적 요소는 하나님의 존재를 믿지 않는다는 사실에 있지. 하나님의 존재나 비존재는 과학적으로 증명되거나 반증될 수 있는 과학적 영역에 속한 사실이 아니라네. 하나님의 존재나 비존재는 믿음과 신념의 영역에 속해 있지. 따라서 무신론자도 '신이 없다'는 것을 신앙하는 것이고, 유신론자도 '신이 있다'는 것을 신앙하는 것이지. 그러므로 진화론 자체가 신의 존재를 인정하지 않는다는 사실은 진화론에 신앙적·신념적 요소가 크게 자리 잡고 있음을 입증해 준다네."

"네, 그렇군요! 그러면 진화론의 과학적 요소는 뭔가요?"

"진화론의 과학적 요소는, 진화론의 일부 요소들이 과학적인 방법으로 입증될 수 있는 과학적 사실들이기 때문에 그렇네. 하지만 여기서 중요한 것은, 진화론은 과학적이고 창조론은 비과학적이라는 흑백 논리의 이분법적 주장은 전혀 근거 없는 주장이라는 점일세. 진화론의 일부 요소들은 과학적이지만, 진화론을 떠받치고 있는 많은 부분은 여전히 신념과 신앙의 영역에 속해 있지. 창조론의 많은 부분 역시 신앙의 영역에 속해 있지만, 창조론에도 과학적인 요소가 있다네."

"그러니까 목사님 말씀은 어떤 것이 과학적이라는 주장과 그것이 절대적으로 옳은 것이라는 주장을 동일시하는 사람들의 전제를 깨뜨리고자 하시는 거네요. '과학적'이라는 말 자체를 가치중립적인 사실 명제로 받아들여야 되지 하나의 가치부가적인 진술로 받아들여서는 안 된다는 말씀이시군요. 그렇죠?"

"그렇네, 범수 형제. 자네가 내 말을 잘 이해하고 있는 것 같구먼."

"그런데 목사님. 목사님과 저의 지금까지의 대화 내용을 토대로 했을 때 최근 미국과 한국에서 일어나고 있는 창조과학회운동을 어떻게 보아야 할까요?"

"그것 참 좋은 질문이군. 내 선배들과 후배들 중에도 창조과학회운동에 적극적으로 참여하고 있는 사람들이 있지. 나는 창조과학회운동의 지적 관심에 대해서는 긍정적으로 보네. 창조의 사실이 과학적 사실과 모순될 수 없다는 학문적 관심은 좋은 것이라는 말이지. 하지만 창조의 사실을 과학적으로 증명하겠다는 생각에는 무의식적으로 과학을 지나치게 높이는 오류가 있지 않나 우려되기도 하네. 창조의 사실에 대한 신앙고백적 진술이 '그 자체로 진리일 뿐 아니라 진리일 수 있다'는 입장에서 후퇴해서 '창조에 대한 신앙고백이 과학으로 이러저러하게 입증되니까 진리다'라는 입장으로 나아가고 있는 것은 아닌지 염려된다는 말일세. 내가 강조하려는 것은, 신앙고백적 진술의 진리 됨은 그 진술이 지시하는 대상인 하나님에 의해 보장되는 것이지, 그 진술에 대한 과학적 증거에 의해 보장되는 것이 아니라는 사실이야. 물론 과학적 증거가 창조의 사실을 지지할 수 있지. 그렇다고 해도 그것은 여전히 이차적이고 간접적인 지지에 불과한 것이니 말이네."

"그러면 목사님, 요즘 많은 사람들의 관심을 끌고 있는 지적설계론은 어떻게 생각하세요?"

"그래, 자네는 지적설계론이 어떤 것이라고 이해하고 있는가?"

"예, 지적설계론이란 자연만물의 환원불가능한 복잡성과 질서정연함을 전제하고 이 배후에 어떤 의도적인 설계자가 있다고 주장함으로써 진화론을 반박하는 이론입니다."

"그렇지. 나는 지적설계론이 하나님의 존재를 증명하지는 못한다 하더라도 창조만물의 배후에 어떤 의도적인 설계자로서 하나님을 암시하고 지시하는 이론이 될 수 있다고 생각하네. 따라서 지적설계론은 친유신론적 혹은 친기독교적인 이론이라고 보고 있지."

"목사님의 설명을 듣고 많은 부분에서 좋은 통찰을 얻게 되었습니다. 이왕 이야기가 이렇게 진전되었으니 몇 가지만 더 여쭈어 보겠습니다."

"그래, 뭔가? 우리 얘기 나온 김에 뿌리를 한번 뽑아 보지."

유신론과 무신론, 물과 기름의 결합

"어떤 기독교 잡지를 보니까 창조와 진화에 대한 논쟁을 다루는 기사에서 영국의 복음주의 지도자인 존 스토트John Stott 목사가 유신론적 진화를 주장했다고 하면서 유신론적 진화론의 가능성을 조심스럽게 제시하는 글을 읽었습니다. 목사님은 이에 대해 어떻게 생각하세요?"

"아! 나도 그 기사를 읽은 적이 있네. 하지만 여기서 먼저 기억해야 할 사실은, 권위 있는 어떤 사람이 주장했다고 해서 무비판적으로 수용하는 자세는 위험하다는 거지. 나도 존 스토트 목사가 20세기 복음주의권을 대표하는 지도자로서 손색이 없다고 믿네. 하지만 그가 말한 것이라고 절대적으로 다 옳을 수는 없는 것 아닌가? 그는 특히 지옥의 존재를 부인하고 불신자들의 영혼이 완전히 사라져 버린다는 멸절설을 주장해서 뜨거운 논쟁을 불러일으킨 적이 있네. 그와 더불어 유신론적 진화론도 격렬한 논쟁을 자극했지. 내가 생각하기에는 유신론적 진화론이 하나의 가설적 체계로서는 당분간 수용될 수 있을지 몰라도 결국 과학적으로 입증될 수 없는 또 하나의 신념 체계로 남을 것 같네."

"왜 그렇게 생각하시죠?"

"왜냐하면 나는 유신론과 진화론을 결합시키려는 노력은 물과 기름을 결합시키려는 노력과 같다고 생각하거든. 유신론의 대전제와 진화론의 대전제는 건널 수 없는 간극이 있다고도 생각되고……."

하지만 나는 유신론자가 진화론을 연구할 수 없다거나 해서는 안 된다고 하고 싶지는 않네. 진화론의 일부 요소가 분명히 과학적으로 입증될 수 있다면, 그것을 과학적으로 연구하는 유신론자도 있어야 할 테니까. 내가 반대하는 것은, 무엇이든 모순되어 보이는 것을 통합해 버리지 않고는 못 배기는 조급함이네. 우리 눈에는 모순되어 보이지만 사실은 그렇지 않고, 그럴 수 없는데도 모순되게 보이는 경우가 많거든."

"결국 목사님이 주장하시는 바는 뭔가요? 성경과 과학 혹은 신앙과 과학을 어떤 관계 속에서 이해해야 하지요?"

"결론적으로 말하면 이렇네. 나는 궁극적으로 과학은 성경 또는 신앙과 모순될 수 없다고 믿네. 과학이 하나님의 창조 세계의 법칙과 원리들을 연구하는 것이라면, 따라서 희미하게나마 창조주이신 하나님을 지시하는pointing 면이 있다면, 과학은 궁극적으로 성경의 신앙과 모순될 수 없다고 믿네. 문제는 과학이라는 미명 아래 성경의 신앙과 모순되는 이데올로기적인 신념 체계를 가지고 성경의 신앙을 공격하고 정죄하려는 유사과학자들pseudo-scientists의 잘못된 행태라고 생각하네. 그리고 또 한 가지 문제는 신앙이라는 이름으로 과학적인 진리 주장을 무조건 백안시하는 근본주의적인 태도일세. 우리에게 가장 중요한 것은 겸손이라고 생각하네. 신앙인은 과학의 이야기를 열린 태도와 겸손한 자세로 들어야 하고, 과학자 역시 신앙의 이야기를 열린 태도와 겸손한 자세로 들어야 하네. 이러한 요건을 갖추지 않고서 과학과 신앙을 손쉽게 통합하려는 것은 어리석은 일이지."

"이제야 좀 정리가 되는 것 같습니다."

"범수 형제! 하지만 자네가 한 가지 더 기억해야 할 것이 있네. 내 주장 역시 내가 자네의 목사님이라는 권위 때문에 자네가 무비판적으로 수용해서는 안 된다는 것이야. 나의 주장에도 옳지 않은 요소가 있을 수 있으니 말이네."

"예, 잘 알겠습니다. 하지만 오늘 목사님이 해주신 말씀은 제가 대체로 동의할 수 있는 이야기여서 문제되지 않을 것 같은데요."

"그렇다면 다행이고."

범수 형제와 나는 서로 바라보며 빙그레 웃었다. 밖으로 나와 보니 깔깔 웃으며 떠들어 대던 형제자매들도 집으로 돌아갈 준비를 하고 있었다. 어느덧 서산 너머로 해가 지고 있었다.

중요 용어 다시 보기

자연주의
naturalism

세속적이고 인간주의적인 세계관으로, 하나님의 존재나 초자연적인 세계를 거부한다. 우주 만물은 자연적으로 생성되고 소멸되며 모든 역사는 우연의 산물이라고 본다. 사람 역시 독특한 의미와 목적에 따라 창조된 것이 아닌 자연적인 운행 법칙에 따라 생성된 부산물이라고 주장한다.

진화론
evolutionary theory

우주 만물이 전능하신 하나님에 의해 창조된 것이 아니라 우연히 발생하여 점진적으로 변화해 가는 과정을 통해 생성되고 소멸된다는 이론으로, 영국의 찰스 다윈Charles R. Darwin, 1809~1882이 대표적인 주창자다.

창조과학회운동
Creation Science Movement

성경이 주장하는 창조가 과학적으로 확인되고 입증될 수 있다는 믿음을 가지고 진화론을 반박하고 창조론을 변호·변증하는 운동.

지적설계론
intelligent design

창조 세계에 나타나는 환원불가능한 복잡성과 질서정연함 배후에 의도적인 설계자가 있다고 주장하는 이론. 기독교적 유신론을 지지해 주는 운동으로 평가될 수 있다.

유신론적 진화론
theistic evolutionary theory

창조론과 진화론을 통합하려는 노력의 일환으로 하나님의 주권적인 통치하에서 우주 만물이 진화적 과정을 통해 창조되었다는 주장.

토의 문제

01- 오늘날 현대인이 과학을 맹신하게 된 주된 이유들은 무엇인가?

02- 창조론적 세계관과 진화론적 세계관이 서로 충돌할 수밖에 없는 이유는 무엇인가?

03- 신앙과 과학이 궁극적으로 서로 모순될 수 없다는 말은 무슨 뜻인가?

12

기독교는 너무 가부장적인 것 아닌가요?

학기가 끝나면 교환학생으로 킹 칼리지에 온 학생들이 대거 한국으로 귀국한다. 한번은 우리 교회 청년들 가운데 학업을 마치고 한국으로 돌아가야 할 교환학생들을 집에 초대하여 피자 파티를 연 적이 있다. 예수님이 아니라면 결코 만날 수 없었던 학생들이다.

학군단 출신으로 중위 계급장을 달고 제대한 정우! 정우는 앞으로 국제관계학으로 학위를 받고 국제정치 전문가로서 활동할 계획이 있었다. 한국의 정계에서 그리스도인의 빛 된 역할을 감당하고자 하는 소중한 비전을 가진 청년이다. 한국의 차세대 대통령이 되는 것이 꿈이기도 한 정우는 아주 근면하고 성실한 청년으로, 교회에서도 인정을 받았다.

계명대학에서 교환학생으로 와 있던 성한이는 킹 칼리지로 오기 전에는 신앙생활을 하지 않았지만, 우리 교회를 다니면서 신앙생활을 시작해 세례도 받고 영적으로 잘 성장하고 있었다. 경영학 교수가 되는 것이 꿈이었다.

그리고 한남대학에서 교환학생으로 온 지은이는 영어교육을 전공해서 영어과 교수가 되려고 했다. 킹 칼리지 교환교수로 오신 아버지를 따라 유학 온 명지는 회계학을 공부해 공인회계사가 되는 것이 꿈이었고, 이화여대에서 온 선호는 저널리즘을 공부해 교수가 되거나 전문 언론인이 되고 싶어 했다.

주문한 피자가 도착하자 왁자지껄, 분위기는 더욱 고조되었다. 함께 피자를 먹으면서 우리 부부의 연애 시절 이야기로 장을 열었다. 이어서 토플 시험 준비법, GRE Graduate Record Examinations 준비법, 대학원에서 성공적으로 공부하는 방법 등 유학생이라면 누구나 궁금해하는 질문들이 오갔다. 이런 가운데서도 정우는 그리스도인의 정체성에 대해 질문해서 우리의 관심을 신앙적인 것으로 돌려놓았다. 여학생들은 여성들의 사회 진출에 대해 이야기를 꺼내면서 한국 사회가 아직은 너무나 가부장적이어서 여성들에게 동등한 기회를 부여하지 않고 정당하게 대우해 주지 않는다고 불평했다. 다른 주제들을 제치고 남녀평등에 관한 주제로 한창 대화가 오갈 즈음, 선호가 손을 들고 내게 물었다.

왜 하나님 '아버지'신가요?

"목사님, 한 가지 질문이 있습니다. 남녀평등에 관한 이야기를 하다 보니 떠올랐는데요, 교회를 안 나가는 주된 이유가 기독교가 너무 가부장적이기 때문이라고 하는 친구가 있어요. 이 친구한테 어떻게 말해 주는 것이 도움이 될까요?"

따끔한 질문이었다. 남녀평등 문제는 20세기 후반 전 세계 지식인의 화두話頭가 아니었던가! 여성해방운동은 세속적인 곳에서 먼저 일어났지만 결국 교회에 영향을 미쳐 유럽과 미국에서 여성해방신학이라는 새로운 신학운동이 한동안 큰 세력을 형성했다. 내가 하버드에서 공부할 때 우리 학교의 엘리자베스 피오렌자Elizabeth S. Fiorenza 교수는 여성해방신학이 21세기 신학의 주류를 형성할 것이라고 호언장담하곤 했다.

"기독교가 가부장적이라는 말이지? 글쎄……. 일단 그 친구의 주장을 좀더 자세히 설명해 줄 수 있겠니?"

"예, 목사님. 먼저 그 친구는 성경에서 하나님을 호칭할 때 왜 아버지로 호칭하느냐, 어머니라고 하면 안 되느냐고 하더군요. 그리고 왜 기독교의 구세주는 아들의 모습으로 왔느냐, 딸의 모습이면 더 좋았을 거라고도 하고요."

"오—! 그래도 제법 공부를 하고 반대하는 친구로구먼! 그 친구의 주장이 좀더 있을 텐데……?"

"그다음에 로마 가톨릭에서는 왜 여성이 사제가 되는 것을 반대하느냐고 묻더군요. 또 여성의 목사 안수를 반대하는 교단과 교회가 있다고 들었는데, 문제가 있는 것 아니냐고요. 그리고 교회에 가보면, 하와가 여자라고 해서 여성이 마치 죄악의 근원인 것처럼 가르치는데 잘못된 것 아니냐고 하더군요."

선호의 말을 듣던 지은이가 거들기 시작했다.

"제 친구 중에도 기독교가 너무 가부장적이고 남성 중심적이어서 싫다는 친구가 있는데요, 그 애는 기독교는 여성을 이류二流 인간으로 볼 수밖에 없는 내적 본질을 지녔다면서 그것이 기독교가 자기 마음을 끌지 못하는 주된 이유라고 자주 말하더군요."

이쯤 되면 이 주제에 관한 문제가 어느 정도 제기된 것 같았다. 나는 생각을 정리하며 말을 이어 갔다.

성경의 여성관

"자, 그럼 여기서 근본적인 문제를 한번 논의해 보지. 과연 기독교가 가부장적이고 남성 중심적인 종교일까? 이 질문에 대한 답변을 우리는 어디에서 찾아야 할까?"

"성경에서 찾아야 됩니다."

이영성 전도사가 먼저 대답했다.

"역시 신학을 공부하는 사람이라서 다르긴 다르구먼. 그럼 질문을 한 차원 더 진전시켜 보겠네. 성경 어디에서 그 답을 찾아야 할까? 물론 성경 전체를 다 보아야겠지만 어디를 보면 가장 명확한 답을 얻을 수 있을까?"

"예수님이 여성을 어떻게 대하셨는지 보면 기독교의 여성관을 분명하게 정립할 수 있을 것 같은데요."

"우—와, 성한이! 교회 다닌 지도 얼마 안 되었는데……. 성한이 대답은 백만불짜리인걸! 좋았어! 성한이 말대로 예수님이 여성을 어떻게 대하셨는지 살펴보면 기독교가 정말 남성 중심의 종교인지 아닌지 알 수 있겠지. 자, 그렇다면 예수님은 여성을 어떻게 대우하셨지? 누구 생각나는 것 없는가?"

"제 생각에 예수님은 여성을 남성과 대등한 존재, 동등한 인격을 지닌 존재로 대우하신 것 같습니다."

조용히 우리 이야기를 듣고만 있던 명지가 적절한 대답을 해주었다.

"그렇지, 명지! 예수님은 여성을 하나님의 형상으로 창조된, 남성과 동등한 인격을 지닌 무한히 소중한 존재로 대우하셨지. 예를 들어, 예수님은 마리아와 마르다 같은 여성 제자들을 남성 제자들과 동등하게 대해 주셨네. 예수님은 창녀들조차도 당신 곁으로 오는 것을 마다하지 않으시고 환영하며 함께 식사하고 그들과 교제를 나누셨지. 예수님이 우물가에서 사마리아 여인과 나눈 대화를 봐도 알 수 있듯이 예수님은 여성이라는 이유만으로 사람을 차별하지 않으셨네."

"하지만 그런 예수님의 태도는 당시의 사회적 통념과는 거리가 있는 것 같은데요, 그렇죠?"

정우가 한마디 했다.

"그래 맞아. 예수님이 활동하시던 당시 유대 땅은 아주 가부장적인 사회였지. 여성을 남성의 소유물로 여기고 남성의 노예로 전락시켰을 뿐만 아니라 인구 조사를 할 때도 여성은 인구 수에 포함시

키지 않았을 정도니까. 게다가 여성에게는 배움의 기회도 거의 주지 않았어. 심지어 남편은 아무런 이유도 없이 이혼이라는 절차를 통해 아내를 버릴 수 있었지. 그리고 여성은 법정에서 증인으로 채택되지 못했어. 왜냐하면 여성의 증언은 아무런 가치도 없는 것으로 여겼거든."

"듣고 보니 정말 심했군요! 그런 사회에서 어떻게 살 수 있었을까요, 숨 막혀서요?"

선호가 흥분된 어조로 말했다.

"선호 말이 맞다. 당시 여성들이 얼마나 큰 차별을 당하며 억압받고 있었는지, 지금 우리 입장에서는 상상하기 어렵지. 그러니 생각해 봐라. 예수님의 행동과 말씀은 당시의 가부장적 · 남성 중심적 통념을 혁명적으로 파괴하는 급진적인 일이 아니었겠니? 특히 불륜 때문이 아닌 이상 이혼은 절대로 안 된다고 말씀하신 것은 창조 원리와 질서를 회복하는 의미와 더불어 당시 만연되어 있던 여성 차별적인 이혼 관행에 정면으로 맞선 것이지."

"와, 우리 예수님, 정말 멋지시네요!"

지은이가 탄성을 지르며 응수했다.

"예수님은 당시 혁명적인 여성해방가로 비쳤을 거야. 그리고 또 한 가지 재미있는 예가 있단다. 신약의 복음서 기자들 역시 여성에 대한 예수님의 태도를 그대로 본받고 있는 모습을 보여 주지."

"그게 뭔가요? 좀더 구체적으로 말씀해 주세요."

"내가 질문 한 가지 할 테니 이 전도사님이 한번 알아맞혀 봐요.

예수님의 부활을 처음 목격한 사람이 남성이었습니까, 여성이었습니까? 이 질문에 대답 못하면 전도사로서 실격인데……."

"그야 당연히 여성이죠. 서너 명의 여성이 예수님 시신에 기름을 바르러 무덤으로 갔다가 그곳에서 부활 사실을 목격한 것 아닙니까?"

"그렇지요."

"그런데 목사님, 그게 왜 그렇게 중요한 거죠?"

"자, 다들 내 이야기 잘 들어 보렴. 당시 여성이 법정 증인으로 채택될 수 있다고 했는가, 없다고 했는가?"

"없다고 하셨습니다."

모두 함께 정확히 대답했다.

"바로 그것이네. 여성이 법정 증인으로도 채택될 수 없는 사회에서 기독교 진리의 핵심 중의 핵심인 예수 그리스도의 부활에 대한 첫 증인이 여성이라면 사람들이 예수님의 부활을 믿어 주겠는가?"

"믿어 주었을 것 같지 않은데요."

성한이가 대답했다.

"그럼에도 성경은 여성이 예수 부활의 첫 증인이었기 때문에 그 사실을 숨기지 않고 그대로 보고하고 있다네. 이것은 크게 두 가지 의미가 있지."

"그 두 가지는 이런 것 같은데요. 먼저 부활과 같이 중요한 사실을 여성으로 하여금 처음 목격하게 하신 것은 여성과 남성을 차별하지 않고 동등하게 대하시는 하나님의 태도를 가르치기 위한 의미인 것 같습니다."

정우의 설명에 선호가 말을 이어 답했다.

"또 하나는 부활에 대한 첫 증인이 여성이어서 사람들이 믿지 않을 수 있는데도 그것을 숨김없이 그대로 기록한 것은, 부활의 사실이 너무도 확실하여 어떤 반대 의견으로도, 심지어 증인을 신뢰할 수 없다는 의견으로도 폐할 수 없다는 자신감을 나타내는 의미가 있을 것 같습니다."

"바로 그거야! 정우와 선호, 그걸 어떻게 알았지?"

"목사님의 논리를 따라 생각해 보면 자연스럽게 그런 결론이 도출되는걸요."

이번에는 정우도, 선호도 아닌 지은이가 대답했다.

"주님, 정말 감사합니다. 제게 이렇게 훌륭한 청년들과 교제할 수 있는 특권을 주시다니, 할렐루야!"

여자는 왜 목사가 될 수 없죠?

"그런데 목사님! 지금까지의 대화에서 입증된 것은 예수님이 당시의 지배적인 여성관을 뒤엎는 혁명적인 여성관을 가지고 여성들을 대우하셨다는 사실인데요, 아직 중요한 질문들이 더 있는 것 같습니다."

대화를 더 진행해 나갔으면 하는 표정으로 명지가 말했다.

"그렇지, 지금까지의 대화로 우리가 확인할 수 있었던 것은 우리의 주님이시자 구세주이신 예수님은 결코 여성 차별주의자가 아니셨으며, 여성을 차별하는 것을 용인하지 않으신다는 점이지. 하지만 명지가 말한 것처럼 여전히 풀어야 할 숙제는 남아 있어."

"명지가 좀 정리해 볼까?"

"예, 목사님! 선호의 친구가 한 질문 중에 '왜 가톨릭과 보수적인 개신교회는 여성 사제와 여성 목사 세우기를 거부하는가? 그것은 가부장적인 것 아닌가?' 하는 질문에 답변해야 할 것 같습니다."

"그럼, 여성에게 안수를 하는 교단이 정말 없을까?"

"아니요. 미국의 많은 교단과 한국의 일부 교단에서도 여성에게 목사 안수를 주고 목사 직분도 주는걸요."

지은이가 말했다.

"나는 개인적으로 여성이 사제가 되거나 목사 안수를 받는 것이 성경 전체의 흐름과 여성에 대한 예수님의 태도에 더 부합한다고 믿지만, 보수적인 교회들에서 여성 안수를 반대하는 것도 기독교의 가부장적 성격과는 관련이 없다고 생각하네. 왜냐하면 이미 내가 입증한 것처럼 기독교의 본질은 가부장적이거나 남성 중심적일 수 없거든."

"그러면 왜 보수적인 교단들은 여전히 여성 안수를 반대할까요?"

명지가 물었다.

"그것은 바울 서신에 나오는 '여자는 잠잠하라'라는 구절을 지나치게 협소한 의미로 해석했기 때문이 아닐까 생각하네. 물론 그렇게 해석하게 된 데는 그 근저에 여전히 남성 우월 사상이 있기 때문이라고도 볼 수 있지. 교회가 오랜 역사를 거치면서 예수님의 남녀평등 사상을 제대로 계승하지 못한 것은 교회의 오류요, 그리스도인들의 실수임에 분명하네. 이제 성경과 예수님의 근본적인 가르침은 남녀동등론이라는 것을 잘 가르치는 것이 중요하다고 생각하네."

"맞습니다. 하지만 남녀의 존재론적 동등론을 수용하면서도 여전히 여성의 목사 안수를 반대하는 분들에 대해서는 어떤 태도를 취해야 할까요? 선호가 물었다.

"기독교 자체가 남성 우월적인 성격을 띤 것이 아니고, 성경은 남녀의 존재론적 동등성을 가르친다고 믿는다면 여성 목사 안수에 대한 시각이 다르더라도 함께 포용하고 교제해야 한다고 믿어. 왜냐하면 여성 목사 안수가 신앙의 본질적인 요소는 아니기 때문이지. 그리고 사람들의 죄성 속에 남성 우월적인 차별 의식이나, 약한 사람들을 억압하고 착취하고 조종하려는 악함이 있음을 깨닫고 이 점에 유의해야겠지."

유비와 대표성

"목사님, 아직도 한 가지 문제가 더 남았는데요."

곰곰이 듣고 있던 이영성 전도사가 말했다.

"그래, 그게 뭐죠?"

"성경의 언어에 대한 것인데요. 우리가 하나님을 아버지라고 부르는 것이 남성 우월주의와 무관하다는 것을 어떻게 증명할 수 있죠? 그리고 예수님이 남성으로 오신 것 역시 남성 우월주의와 무관하다는 것을 어떻게 설명합니까?"

"그 문제는 어렵게 생각하면 한없이 어려워지고, 쉽게 생각하면 한없이 쉽게 해결되지요."

"어떻게요?"

선호와 지은이가 동시에 물었다.

"일단 기독교의 복음과 예수님의 태도가 남성 우월주의나 여성 차별주의가 아니라는 것이 밝혀졌으니, 성경에서 하나님을 아버지로 부르는 것, 예수님이 아들로 오신 것이 여성을 차별하기 위함이 아님은 쉽게 이해하겠지?"

"예. 그렇습니다."

"먼저 아버지라는 용어에 대해 설명해 보겠네. 우리가 하나님을 아버지라고 부르는 것을 신학적 용어로 '유비'類比라고 한다네. 유비란 하나님과 사람의 유사점을 접촉점으로 해서 하나님을 묘사하는 방법이지. 따라서 하나님을 아버지라고 부를 때 우리는 하나님을 인간 아버지와 유사함을 지니신 분으로 묘사하는 것이라네. 인간 아버지가 자녀들을 사랑하듯 하나님도 우리를 사랑하시고, 인간 아버지가 자녀들을 보호하듯 하나님도 우리를 보호하시네. 인간 아버지가 자녀들에게 권위자로서 행하듯 하나님도 우리에게 권위를 행사하시는 분이고, 인간 아버지가 자녀들을 돌보듯 하나님도 우리를 돌보시는 분이고, 인간 아버지가 자녀들의 육신적 생명의 근원이듯 하나님도 우리의 영적 생명의 근원이시라는 것을 표현하려는 것이지. 하지만 하나님을 묘사하는 유비적 언어에는 단절의 측면도 있다네. 예를 들어, 육신의 아버지는 남성이지만, 하나님 아버지는 성을 초월하시는 분이거든. 이런 측면에서는 유비적 언어의 단절성을 바르게 이해해야 한다네."

"그러니까 하나님을 아버지라고 부르는 것은, 하나님을 남성으로 묘사함으로써 여성에 대한 남성의 우월성을 주장하려는 의도가 결코 아니라는 말씀이군요."

정우가 말했다.

"그렇지! 따라서 성경에서 사용하는 언어의 유비적 성격만 이해해도 아버지라는 말이 남성 우월적이라는 무지한 주장을 할 수 없는 거지."

"아, 이제 정말 속이 시원해지는 것 같다. 그럼 예수님이 남성으로 오신 것은 어떻게 이해해야 되죠?"

지은이가 물었다.

"예수님이 남성으로 오신 것은, 하나님의 창조 원리가 남녀 동등 원리를 지지하지만 남녀 관계에서의 대표성은 남자에게 있다는 것을 천명하는 의미가 있지. 사실 이 대목을 잘 이해해야 하네. 여기서 대표성은 남성이 여성보다 우위에 있다는 의미가 아니라 남성은 섬기는 대표로서, 여성은 섬김을 받는 팔로워follower로서의 기능을 가지면서 여전히 동등함을 보여 주는 것이니까. 우리 손으로 뽑은 국회의원이 시민이라는 측면에서는 우리와 동등하지만, 그가 맡은 국회의원의 역할로서는 우리의 대표가 된다는 예로 설명할 수 있겠지.”

“목사님이 하신 말씀을 적용해 보면, 성경이 하나님을 어머니라고 부르지 않고 아버지라고 부르는 이유와도 연결시킬 수 있겠네요. 아버지가 어머니보다 우월해서가 아니라 아버지가 어머니를 대표하는 창조 원리와 일치하도록 하기 위해 하나님을 아버지로 부르라고 하신 것이죠. 그렇죠?”

조용히 듣고만 있던 성한이가 결론 지어 말했다.

“그렇다네. 성한이가 아주 잘 이해한 것 같은데!”

“와, 이제 모든 문제가 해결된 것 같아요. 목사님, 정말 감사합니다.”

선호가 웃음을 띠고 말했다.

“아니, 오랫동안 이야기에 참여해 준 너희에게 내가 더 감사해야겠는걸!”

어느덧 피자는 다 동이 나 버렸지만, 우리 마음속에는 기쁨과 감사가 충만해 있었다. 남자나 여자나 차별하지 않고 동일하게 사랑하시는 하나님을 다시금 느꼈기 때문일 것이다.

중요 용어
다시 보기

여성해방신학 feminist liberation theology	여성을 가부장적인 억압과 질곡에서 해방시키고 남녀의 완전한 평등을 추구하는 신학 운동. 신학과 목회 분야에서 여성 차별적인 신념과 가치와 태도들을 제거하는 것을 주된 목적으로 삼는다.
가부장제 · 가부장주의	존재나 가치에서 남성이 여성보다 우월하다는 차별주의적 신념에 기초하여 가정과 사회를 남성 중심으로 조직화하려는 문화적 흐름.
유비 類比, analogy	하나님은 피조 세계의 창조를 통하여 자신을 표현하셨으므로 그 둘 사이에는 근본적인 연속성이 있다는 전제하에 하나님과 사람의 유사점을 접촉점으로 하여 하나님을 묘사하는 방법.

토의 문제

01- 기독교가 남성우월적인 종교라고 비판 받아 온 주된 이유는 무엇일까?

02- 예수님의 여성관이 그 시대에 그토록 혁명적이고 급진적이었던 이유는 무엇일까?

03- 여성 목사 안수 문제가 기독교 신앙의 본질적인 요소가 아니라는 말은 무슨 뜻인가?

13

교파는 왜 그리 많은가요?

우리 교회 주일 오전 예배는 11시에 시작하여 12시 10분쯤 마친다. 한국어를 알아들을 수 없는 몇몇 미국인 교인들—대체로 한국인 여성과 결혼한 미국인 남편들이다—이 참석하기 때문에 한국어와 영어로 설교를 하고 있다. 예배를 마친 뒤에는 온 교인이 식탁에 둘러앉아 점심을 먹으며 교제를 나눈다. "한 상에 둘러서 먹고 마셔 여기가 우리의 낙원이라"라는 찬송가 구절처럼 참말로 정겨운 식사 시간이다. 그러고 나서 1시 10분경부터 오후 예배를 드리는데, 이때는 성경공부 중심으로 진행한다. 한동안 '성경 속을 달려라'Run through the Bible라는 제목으로 신구약 성경 전체를 개론적으로 살펴보았다.

그날도 여느 주일처럼 예배를 마치고 식탁에 둘러앉아 교제를 나누었다. 앞에서도 잠깐 언급한 대로 나는 주로 한국 여성과 결혼한 미국인 남편들 곁에 앉아 식사를 하는 편이다. 그들이 교회에 와서 소외감을 조금이라도 덜 느끼게 하고, 그들의 가정생활 가운데 목회자로서 알아야 할 부분이 있다면 알아 놓는 것이 좋을 것 같아서다.

한창 식사를 하고 있는데 저쪽 끝에서 자매들끼리 이야기하는 소리가 들렸다.

"그 사람은 기독교에 교파가 너무 많아서 싫대요."

"사실 기독교에 교파가 많기는 많지……."

잘은 몰라도 기독교에 교파가 많다는 이유로 어떤 사람이 교회 다니기를 싫어한다는 내용인 듯했다. 나는 그 말을 꺼냈을 단주 자매께 말을 건넸다. 단주 자매님은 신앙생활 한 지 몇 년 되었지만 그동안 열심히 교회생활을 하지 않다가 최근 남편 되시는 장 교수님이 세례를 받고 신앙생활을 시작하면서 새롭게 열심을 보이고 있었다. 평소에도 성경과 신학에 대한 여러 좋은 질문들을 많이 제기하셨다.

사랑하라 했는데 왜 나뉘나요?

"단주 자매님, 누구에 대한 말씀이신지요? 제가 좀 알아도 되겠습니까?"

"예, 목사님. 제 친한 친구를 전도하고 싶어서 이야기를 꺼냈더니, '기독교는 왜 그렇게 교파가 많아? 사랑 사랑 하면서 얼마나 배타적인지 모르겠어……'라면서 말도 못 꺼내게 하잖아요."

"네, 그러셨군요. 그래서 자매님은 뭐라고 대답하셨나요?"

"막상 그 소리 들으니 대답해 줄 말이 떠오르지 않더라고요. 그래서 많이 당황했습니다. 목사님, 이런 사람들에게는 어떻게 말해 주어야 하나요?"

기독교를 받아들이지 않는 사람들 중에 기독교에 교파가 너무 많다는 것을 핑계 삼아 복음을 거부하는 사람들이 많다. 그러니 이 질문이 얼마나 중요한가?

우리가 하는 이야기를 듣고 있던 경화가 한마디 거들었다. 경화는 연세대학에서 교환학생으로 킹 칼리지에 왔으며, 영화감독이 되는 것이 꿈이다.

"목사님, 제게도 그런 친구가 있어요. 그 친구가 얼마나 집요하게 기독교의 문제점들을 파헤치는지 머리가 아플 지경이라니까요. 그런데 그 친구가 특히 강조하기를, 기독교에 교파가 많은 게 가장 큰 문제래요. 예수님은 서로 사랑하라고 말씀하셨는데, 왜 기독교인들은 교파가 그토록 많아지는 것을 막지 못하고 다른 교파에 속한 사람들을 사랑하지 못하는지 자기는 도저히 이해가 안 된대요. 그리고 그것 때문에 기독교를 받아들일 수 없대요. 이 친구에게는 뭐라고 말해 주어야 하나요?"

"음—. 경화 친구의 말도 일리가 있긴 하지만 교파가 많다는 사실 자체를 너무나 부정적으로 보는 것 같은데?"

같이 듣고 있던 다정이가 말을 이었다. 한남대학에서 교환학생으로 킹 칼리지에 온 다정이는 사회복지사가 되어 어려운 사람을 돕고 싶어 했다.

"목사님, 그럼 교파가 많은 것도 긍정적인 면이 있나요?"

김순석 자매님이 물었다. 이쯤 되면 다양한 논의가 이루어질 것 같아 말을 이어 갔다.

"기독교에 교파가 많은 것은 사실입니다. 크게는 로마 가톨릭교회, 그리스정교회, 개신교회, 이렇게 세 교파가 있습니다. 가톨릭과 정교회는 그런대로 외형상 통일성을 유지하고 있지만, 개신교는 다시 성공회, 장로교, 감리교, 침례교, 루터교, 성결교, 오순절교 등 작은 교파들로 다양하게 나뉘어 있지요. 따라서 기독교에 교파가 많다는 사실 자체를 부인할 수는 없습니다. 그렇지 않습니까?"

"예, 그런 것 같습니다."

모두가 한목소리로 대답했다.

"또 한 가지 우리가 인정해야 할 것은, 교파의 다양성 때문에 다른 교파에 속한 사람들을 오해하거나 환영하지 못하는 모습을 보여 왔다는 것입니다. 가톨릭 신자들에 대한 개신교인들의 자세는 대체로 비판적이고 때로 배타적이기까지 하니까요. 물론 가톨릭의 공식 교리에 대해서는 비판적인 관점을 가져야 하지만요. 교파 간에 사사로운 분쟁도 많았다는 것을 시인해야 할 것입니다."

"정말 그런 것 같습니다. 사실 이런 부분은 우리가 좀 고쳐야 할 것 같아요. 다른 교파에 속한 신자라도 그리스도 안에서 하나라면 서로 환영하고, 관용하고, 인정하고, 사랑해야 하는데 그렇지 못하잖아요. 그런 풍토가 속히 자리 잡혀야겠어요. 그동안 우리가 잘못한 바에 대해서는 솔직히 인정하고 새로운 출발을 해야 할 것 같은데요.”

옆에서 조용히 듣고 있던 주회가 본인의 생각을 말했다. 한남대학에서 교환학생으로 온 주회는 수화로 찬양하는 은사가 있으며, 공학박사를 꿈꾸는 학생이다.

“주회의 말이 맞습니다. 우리가 잘못한 것은 겸손하게 인정해야 합니다. 하지만 저는 교파의 다양성 자체가 부정적이기보다는 긍정적인 요소를 더 많이 내포하고 있다는 점을 강조하고 싶습니다.”

다양성도 창조의 원리

“긍정적인 측면이요?”

모두가 놀라는 표정으로 의아한 듯이 물었다.

“예, 그렇습니다. 여기서 제가 가장 먼저 얘기하고 싶은 것은, 다양성은 창조의 원리라는 것입니다.”

“창조의 원리라……. 무슨 말씀이시지요?”

진지하게 듣고 있던 진영이가 불쑥 질문을 했다. 진영이는 킹 칼리지에 유학 온 학생으로, 방송계에서 프로듀서로 일하는 게 꿈이었다.

“다양성이 창조의 원리인 것을 예를 들어 설명해 보겠습니다. 우리 주위에는 나무들이 많습니다. 우리가 ‘나무’라는 종種 개념으로 지칭할 수 있는 개별자들은 너무도 다양합니다. 나무의 종류가 얼마나 많습니까? 소나무, 잣나무, 오동나무, 박달나무, 아카시아나무, 사과나무, 배나무……. 꽃은 어떻고요? 산들도 얼마나 다양합니까? 구름의 모습도 얼마나 다양합니까? 이런 창조계의 모습을 볼 때 우리는 하나님이 획일성보다는 다양성을 좋아하시고 가치 있게 여기신다는 것을 알 수 있습니다. 그렇지 않습니까?"

"목사님 말씀을 들으니 창세기 1장의 창조 기사가 생각나네요."

해경 자매님이 응수했다. 해경 자매님은 미국인 남편과 결혼하여 모범적인 가정을 이루어 살며 신앙에도 깊은 관심이 있었다.

"해경 자매님, 어떤 구절이죠?"

내가 되물었다.

"창세기 1장 11절과 12절에 보면 '하나님이 이르시되 땅은 풀과 씨 맺는 채소와 각기 종류대로 씨 가진 열매 맺는 나무를 내라 하시매 그대로 되어 땅이 풀과 각기 종류대로 씨 맺는 채소와 각기 종류대로 씨 가진 열매 맺는 나무를 내니 하나님이 보시기에 좋았더라' 라고 기록되어 있습니다. 이 구절이야말로 하나님이 메마른 획일성보다 풍성한 다양성을 더 가치 있게 여기신다는 것을 증명해 주죠. 그 이하의 여러 구절에서도 다양성을 존중하시는 하나님의 모습을 찾아볼 수 있습니다."

"맞습니다, 자매님. 아주 적확한 답변이군요. 제가 말씀드리려는 것도 바로 그겁니다. 우리의 하나님은 획일성의 하나님이 아니요, 다양성의 하나님이시죠. 이 점은 하나님의 존재 방식에도 드러나 있습니다. 우리의 하나님은 삼위三位라는 다양성 속에 일체一體로 존재하시는 분이니까요."

좀 어려운 말이 아니었나 생각하는데 마침 최인숙 자매님이 옆에서 거들었다.

"정말 그러네요. 하나님의 삼위일체성 자체가 바로 다양성이 창조의 원리가 되도록 한 근원이네요."

"그렇습니다. 잘 이해하셨습니다. 자, 그렇다면 여기서 한 가지 더 중요한 질문이 있습니다. 하나님이 획일성보다 다양성을 더 가치 있게 여기신다면 다양성 자체가 좋은 것이라는 결론이 됩니다. 그런데 만일 다양성이 극단으로 흘러 상호 배타적이 되고 서로를 연결해 주는 통일된 어떤 것을 잃어버린다면 그것 역시 하나님 보시기에 좋을까요?"

"아닙니다. 결코 아닙니다."

우리가 이야기하는 동안 가만히 듣고만 있던 박 집사님이 강하게 부정했다.

"왜 그렇죠?"

"왜냐하면 하나님은 다양성을 강조하시면서도 다양성 속에 통일성을 유지해야 그 다양성이 아름다움을 상실하지 않는다고 말씀하고 계시거든요."

"집사님, 성경에서 그 말씀을 찾아볼 수 있을까요?"

"고린도전서 12장을 보면, 하나님이 교회에 다양한 은사를 주셨지만 그 은사의 목적은 그리스도의 몸인 교회의 유익을 위한 것이라고 말씀하십니다. 즉, 한 몸으로서의 통일성과 여러 지체와 은사의 다양성이 조화롭게 보존되어야 한다는 말씀이지요."

박 집사님의 말이 끝나자마자 최근 이 지역으로 이민 온 전선행 집사님이 다음과 같이 말을 이었다.

"또 에베소서 4장에 보면, 교회에 다양한 지체가 있지만 몸도, 믿음도, 세례도, 성령도, 하나님도 하나라고 하면서 사랑의 끈으로 하나 됨을 잘 유지하라고 말씀하고 있거든요. 이 말씀은 다양성 속의 통일성, 그리고 통일성이 있는 다양성이 하나님이 우리에게 요구하시는 것임을 가르치는 것 같습니다."

"맞습니다. 바로 그것이 제가 여러분에게 강조하고 싶은 바입니다. 통일성과 다양성이 조화되어 있는 상태, 그것을 주님이 아름답게 보십니다. 자, 그럼 이러한 원리를 지금 우리가 다루고 있는 교파의 다양성이라는 현실에 적용해 봅시다. 어떤 결론을 내릴 수 있을까요?"

"목사님, 다양성과 통일성의 조화라는 원리로 볼 때 교파가 다양하게 존재한다는 사실 자체가 부정적인 것은 아니라는 결론이네요. 특히 개신교 안에 성공회, 루터교, 장로교, 침례교, 감리교, 성결교, 오순절교 등의 교파가 있다는 사실은 다양성을 존중하시는 하나님 편에서 반드시 부정적인 것은 아닌 것 같습니다."

이창우 전도사의 아내 조희순 사모가 대답했다.

"사모님 말씀이 맞습니다. 하지만 한 가지 조건이 충족되어야 합니다."

이때 한남대학에서 킹 칼리지 교환교수로 와 계신 백방선 교수님이 끼어드셨다.

"교수님, 무엇이 그 한 가지 조건인가요?"

"교파들의 다양성 속에서 우리가 통일성을 잃지 않도록 노력해야 한다는 사실입니다. 각 교파들의 다양성과 차이점들을 예찬하면서 그 다양함 속에서 함께 누릴 수 있는 통일성을 계속 강조하고 유지해야 된다는 뜻에서 드리는 말씀입니다."

"아주 좋은 지적이시네요. 그렇다면 그 통일성은 무엇이 되어야겠습니까?"

"제 생각에는 교파가 다르다 해도 예수 그리스도를 주님과 구주로 믿기만 한다면 우리 모두가 예수 그리스도 안에서 한 형제자매가 된다는 사실, 바로 그것입니다. 우리의 주님이신 예수님 안에서 누리는 형제애와 자매애는 다양함 속에서도 통일된 지체들로 유지해주는 끈이 될 것입니다."

백 교수님의 말은 정곡을 찌르는 대답이었다.

"여러분이 지금까지 하신 말씀에 저도 공감합니다. 특히 서로 교파가 다르더라도 모든 교파 안에 동일한 신앙고백이 있음을 꼭 기억해야 합니다. 우리에게는 서로 다름을 너무도 수용하지 못하는 경향이 있습니다. 우리와 조금만 다르면 무조건 배척하고 무시해 버립니다. 그것은 주님의 마음이 아닙니다. 서로의 다름을 존중하고, 예찬하고, 인정하고, 관용할 준비가 되어 있어야 합니다."

"맞습니다. 다름을 다름으로 그대로 놔두는 마음이 사랑의 마음이지요. 다른 사람을 나와 똑같이 만들려고 하는 것은 획일주의적 폭력이요, 제국주의적 욕망입니다."

백 교수님의 아내 윤혜숙 사모님이 말했다.

"사모님 말씀이 옳습니다. 자, 이 정도면 교파의 다양성 자체가 기독교를 반대할 수 있는 근거가 될 수 없는 것이 밝혀진 것 같은데요……?"

가톨릭과 개신교, 장로교와 침례교의 차이

"그렇다면 목사님! 기왕 대화가 이렇게 이루어진 김에 기독교 교파들 간의 차이점과 공통점에 대해 좀더 설명을 해주시면 좋겠습니다."

숙명여대에서 교환학생으로 온 혜미가 손을 들어 말했다.

"그래, 그것 좋은 생각이네. 그럼 우선 로마 가톨릭과 개신교의 차이점과 공통점을 설명해 보겠습니다. 먼저 공통점입니다. 첫째, 가톨릭과 개신교 모두 하나님의 삼위일체성을 믿습니다. 이것은 대단히 중요한 공통점입니다. 둘째, 가톨릭과 개신교 모두 예수님의 신성과 인성을 믿습니다. 이것 역시 대단히 중요한 공통점입니다. 셋째, 가톨릭과 개신교 모두 죄인의 구원은 예수 그리스도를 통해서만 가능하다는 것을 믿습니다. 넷째, 가톨릭과 개신교 모두 사도신경을 신앙고백으로 채택합니다. 저는 이 네 가지가 가톨릭과 개신교의 가장 중요한 공통점이라고 생각합니다."

"아, 그렇군요! 그렇다면 차이점에는 어떤 것들이 있죠?"

이화여대에서 교환학생으로 온 혜진이가 노트에 뭔가를 적으면서 말했다.

"차이점들 중에는 첫째, 가톨릭은 구약의 외경 일곱 권을 받아들여 73권이 정경인데 비하여 개신교는 66권만 정경으로 여깁니다. 둘째, 성찬식에 대한 이해가 크게 다르죠. 가톨릭은 떡과 잔이 목으로 넘어가면서 예수님의 몸과 피로 변화된다는 화체설化體說, transubstantiation을 주장하는 반면, 개신교는 영적 임재설靈的臨在說이나 기념설記念說 또는 공재설共在說을 주장합니다. 셋째, 칭의 교리에 대한 이해 차이인데 개신교는 이신득의以信得義나 이신칭의以信稱義를 주장하지만 가톨릭은 이신득의에 '행위'를 더 추가하는 면이 있습니다. 이 칭의 교리에 대한 이해는 종교개혁자들과 가톨릭교회가 논쟁을 벌인 부분으로, 공식적으로는 가톨릭과 개신교가 입장이 다르지만 가톨릭교회 신도 개개인에 따라서는 개신교적 입장에 더 가깝게 믿는 사람들도 많습니다. 물론 가톨릭교회의 공식적인 교리인 믿음에 행위를 더해야 구원을 받는다는 주장은 이단적인 주장이기에 절대로 수용하거나 인정해서는 안 되지요."

"목사님, 이제 조금 더 분명하게 가톨릭과 개신교의 공통점과 차이점을 알겠습니다. 다름을 다름으로 인정하고 공통된 부분을 강조하면서 서로 교제할 수 있겠네요. 그렇죠?"

혜진이가 다시 물었다.

"그렇지! 그럼에도 가톨릭교회의 공식 교리들 중에 우리가 도저히 수용할 수 없는 부분들이 있음을 직시하고 교제하면서 가톨릭 신자들에게 참된 복음을 전해 주어야겠지."

"목사님, 우리 교회는 장로교회죠? 저는 한국에서 침례교회에 다녔는데, 장로교회와 침례교회의 차이점은 뭔가요?"

숙명여대에서 교환학생으로 온 하경이가 몹시 궁금한 표정으로 질문했다. 하경이는 성숙한 그리스도인이 되어 직장 복음화에 헌신하고자 하는 비전을 품고 있었다.

"장로교와 침례교는 정말 공통점이 많은 교단입니다. 하지만 몇 가지 중요한 차이가 있습니다. 첫째는 세례를 주는 양식에 대한 차이입니다. 침수immersion 방식과 뿌림sprinkling 방식 중에서 장로교는 뿌림 방식을 선호하는 데 비해 침례교는 침수 방식을 고집하는 편이지요. 또 장로교는 유아세례를 인정하는 데 비해 침례교는 유아세례를 인정하지 않고 성인의 세례만을 인정합니다. 둘째는 교회 정치론의 차이인데, 장로교는 교인의 대표인 장로들을 중심으로 교회를 운영하는 대의 민주제를 지향하는 데 비해 침례교는 장로 없이 모든 성도가 교회 운영에 참여하는 직접 민주제인 회중정치를 지향하죠. 제가 보기에는 이 두 가지 외에는 큰 차이점이 없습니다."

"아, 그렇군요! 목사님, 그럼 감리교도 큰 차이가 없겠네요?"

진지하게 듣고만 있던 광우가 맞장구를 치며 말했다.

"그렇죠. 감리교의 교리와 장로교 교리에 약간의 차이는 있지만 그렇게 큰 차이는 아닙니다. 물론 어떤 사람들은 장로교의 칼빈과 감리교의 웨슬리의 신학이 많이 다른 것처럼 과장하는데, 제가 보기에는 공통점이 더 많습니다. 다만 교회 정치에서 감리교는 감독제를 지향하는 데 비해 장로교는 민주제를 지향한다는 점에서 다릅니다."

이만하면 충분한 논의가 이루어진 것 같아 우리가 처음 제기했던 질문으로 대화를 반전시켰다.

"자, 오늘의 대화를 통해 우리가 내릴 수 있는 결론은 뭐겠습니까?"

"기독교 교파의 다양성 자체가 부정적일 수 없다는 것이 첫째 결론이고요, 둘째는 그 다양성이 긍정적인 효과를 내려면 상호 간의 통일성과 공통점을 인정하는 동시에 다른 점을 서로 존중하는 자세를 가져야 한다는 것입니다."

숙명여대에서 교환학생으로 온 순미가 대답했다.

"그렇지, 순미야. ……따라서 어떤 분들이 교파가 다양하다는 이유로 기독교를 비판할 때 오늘 살펴본 내용을 토대로 제대로 답변해 주어야겠지요. 그러면서도 우리가 잘못해 온 관행들, 특히 다른 교파의 교인들에게 열린 마음을 갖지 못한 점은 반성하고 고쳐 나가야겠습니다. 생각지 않게 대화가 길어졌죠? 그래도 뜻 깊은 교제의 시간이 된 것 같아 참 좋습니다. 감사드립니다."

대화를 마친 나는 교회의 중요성과 가치를 다시금 느꼈다. 교회는 정말 독특한 공동체다. 나아가 그리스도의 영광이 임재한 공동체다. 서로 배경과 성격과 체질이 다른 사람들이지만, 예수 그리스도 안에서 하나가 되었다. 교회는 바로 날마다 기적이 일어나는 하나님의 공동체임에 틀림없다.

중요 용어 다시 보기

그리스정교회 Greek Orthodox Church	그리스를 중심으로 한 동로마 교회는 이탈리아를 중심으로 하는 서로마 교회와 문화적 · 언어적으로 뚜렷이 구별되었다. 중세 이후 그리스정교회는 동유럽과 러시아 지역에서 큰 부흥을 이루었다.
영적 임재설 spiritual presence	성찬식 중에 예수 그리스도의 몸은 하나님 우편에 계시지만 성령을 통하여 영적으로 임재하신다는 주장으로, 존 칼빈이 대표적인 주창자다.
공재설 consubstantiation	성찬식에 사용되는 떡과 잔에 예수 그리스도의 영뿐만 아니라 부활하신 몸이 함께 계신다는 주장으로, 마르틴 루터가 대표적인 주창자다.
기념설 memorialism	성찬식에는 예수 그리스도께서 영적으로든 육적으로든 임재하시지 않으며 성찬식은 단지 교회의 회중이 예수 그리스도의 죽으심을 기념하는 의식에 불과하다는 주장으로, 츠빙글리가 대표적인 주창자다.
이신득의 以信得義	종교개혁 당시 마르틴 루터가 로마서와 갈라디아서에 기초하여 주창한 교리로, '죄인은 오직 예수 그리스도를 믿음으로만 의롭다 하심을 얻는다'는 내용의 복음적 원리이다.

토의 문제

01– 기독교권의 교파적 다양성을 불신자들이 부정적으로 인식하게 되는 주된 이유는 무엇인가?

02– 기독교권의 교파적 다양성을 긍정적인 것으로 볼 수 있는 성경적 근거는 무엇인가?

03– 가톨릭의 공식적 교리와 잘못된 전통들을 반대하면서도, 가톨릭 신자들에게 참된 이신득의의 복음을 전하고 함께 교제할 수 있는 방법에 대해 서로 나누어 보라.

14

성과 결혼에 관한 기독교의 관점은 너무 시대착오적이지 않나요?

2005년 여름, 나는 테네시를 떠나 콜로라도로 옮겨왔다. 콜로라도 덴버에 있는 덴버신학교에서 조직신학 교수로 초빙을 받았기 때문이다. 덴버신학교에서 교수로 사역한 지도 벌써 9년째 되었으니 세월이 화살같이 날아간다는 주님의 말씀을 실감하게 된다. 덴버에서의 새로운 삶과 덴버신학교에서 새로운 사역에 적응하고 있을 무렵이었다. 스티브 듀비Steve Duby라는 미국인 학생이 내 연구실로 찾아왔다. 스티브는 나의 조직신학 개론 수업을 듣고 있었고, 앞으로 신학을 전문적으로 연구하는 학자가 되려는 꿈을 가지고 있었다.

성은 거룩하고 아름다운 것

"정 교수님, 혹시 지금 시간을 좀 내주실 수 있는지요? 몇 가지 신학적으로 궁금한 질문들이 있어서요."

"그래, 한 시간 정도 시간을 낼 수 있을 것 같은데……. 우선 여기 앉게나."

"네, 감사합니다."

"그래, 어떤 질문이지?"

스티브는 숨을 고르면서 말을 이어 갔다.

"네, 저는 지금 덴버 지역 교회에서 중고등부 전도사로 섬기고 있습니다. 요즘 청소년들이 성적으로 얼마나 문란한지는 교수님께서도 아시리라 생각합니다."

이 말을 듣고 나는 스티브가 성문제에 대하여 질문을 제기하리라는 것을 감지했다.

"그렇지, 정말 큰 문제지…… 자네가 섬기는 중고등부 학생들 중에도 성적인 문제로 고민하는 학생들이 많은가? 크리스천인데도?"

"그렇습니다……. 심각한 문제는 신앙생활도 열정적으로 하고, 중고등부 학생회에서 리더로 섬기는 신실한 학생들조차 이 부분에서 무너지고 있다는 겁니다."

스티브의 얼굴은 어느새 일그러지고 있었다.

"그래, 나도 문제가 많으리라고 짐작은 하고 있었는데…… 상당히 심각한가 보군……. 좀더 구체적으로 예를 들어 주겠나?"

"한 달 전이었습니다. 제가 섬기는 중고등부에서 찬양 리더로 섬기는 고등학교 여학생이 찾아왔어요. 그러고는 자기가 임신했다고 하면서 제 앞에서 갑자기 울음을 터뜨렸습니다. 저도 너무 당혹스러워서 어찌해야 할지를 몰랐습니다. 그래서 교회에서 상담 사역을 하고 있는 전도사님께 이 여학생을 소개해서 낙태와 같은 잘못된 선택을 하지 않도록 권면하고, 곧 태어날 아이를 직접 키울 것인지 아니면 입양되도록 할 것인지 등의 문제에 관하여 그 여학생의 부모님과 함께 의논한 적이 있습니다. 그리고 이 여학생과 관계를 가졌던 남자 친구도 함께 상담했구요."

"그래, 정말 어려운 일을 겪었구먼." 내 마음 한구석도 아려 왔다. 어린 나이에 그런 고통스러운 일을 당한 여학생, 그 여학생의 부모, 그 여학생을 지도하는 중고등부 사역자, 그리고 그 지역 교회 공동체가 겪었을 아픔을 생각하니 가슴이 쓰렸다.

"교수님, 이런 일을 겪은 다음 저는 제가 섬기는 중고등부 학생들에게 성과 결혼에 대한 성경적인 관점, 하나님의 관점을 심어 주고 싶은 마음이 들었습니다. 그래서 두 주 후 중고등부 학생들을 대상으로 특강을 하려고 합니다. 어떤 내용을 중점적으로 다루어야 할지 교수님께 여쭙고 싶습니다."

"그래, 질문이 바로 그거였군. 사실, 정말 중요한 이슈지. 잠깐 내 생각을 정리하고 답변하겠네."

나는 잠시 눈을 감고 어떻게 답변하는 것이 좋을지 구상을 한 다음 입을 열었다.

"우선 성경적인 관점에서 접근할 때 강조되어야 할 것은 성의 거룩함과 아름다움일세."

"성이 거룩하고 아름다운 것이라고요?"

스티브는 고개를 끄덕이며 말했다.

“저도 항상 그런 관점에서 성을 접근했습니다. 하지만 좀더 자세히 설명을 해주시죠.”

“성경은 성을 하나님께서 창조하신 선한 것으로 그리고 있다네. 하나님께서 창조하신 모든 것은 근원적으로 선한 것이네(창 1:31). 더 나아가서 성은 하나님께서 한 남자와 한 여자의 결혼 관계 내에서만 배타적으로 누리도록 허락하신 거룩한 선물이지. 특별하게 구별된 신성한 것이라는 말일세. 그 거룩한 선물은 한 남자와 한 여자의 결혼 관계 속에서 누릴 때 아름답고 존귀한 것으로 지켜지게 되네. 동시에 성은 한 남자와 한 여자가 결혼이라는 언약적 관계 속에서 완전히 연합되었음을 보여 주는 것이기도 하지. 창세기 2장 24절과 25절은 그 사실을 극명하게 드러내 준다네. ‘이러므로 남자가 부모를 떠나 그의 아내와 합하여 둘이 한 몸을 이룰지로다. 아담과 그의 아내 두 사람이 벌거벗었으나 부끄러워하지 아니하니라.’”

스티브는 내 말을 진지하게 듣고 나서 천천히 입을 열었다.

“교수님께서 정말 중요한 말씀을 해주셨습니다. 오늘날 세상은 성을 쾌락과 방종의 관점에서 그리고 있는 듯합니다……. 더 나아가 성을 하나의 상품으로 격하시켜 돈벌이의 도구로 전락시켜 버렸습니다. 방송 매체, 영화, 인터넷은 물론이고, 심지어 연극과 뮤지컬 같은 예술 영역에서도 성은 거룩하고 아름다운 것으로서 숭고하게 지켜져야 할 것이라기보다는, 이기적으로 자기 욕심을 채우고 남용하고 함부로 유린하고 짓밟을 수 있는 어떤 것으로 취급되고 있습니다. 그것이 바로 이 시대의 비극이 아닐까요?”

“그렇다네. 오늘날 너무나 많은 사람들이 성을 잘못 이해함으로써 하나님 앞에서 범죄하고, 그 결과로 엄청난 고통을 당하고 있다네. 그들은 방종을 자유라는 이름으로 합리화하고, 이기적인 정욕과 탐욕을 사랑이라는 이름으로 합리화하고 있지.”

“그렇다면 교수님, 서로 사랑하는 남녀 사이에도 혼전 성관계는 허락될 수 없다는 말씀이지요?”

“당연하지. 성은 결혼과 부부 관계 속에서만 거룩하고 아름다운 것으로 존재할 수 있기 때문이지.”

“만일 이런 식으로 가르치면 제가 섬기는 중고등부 학생들은 크리스천이니까 수긍하겠지만, 그들의 친구들 중에서 예수님을 믿지 않는 학생들은 ‘성에 대한 기독교적 관점은 너무 시대착오적이지 않나요?’라고 되물을 것 같아요. 서로 사랑하는 남녀라면 혼전이라도 성관계를 가질 수 있다는 것이 일반적인 통념이 된 지 오래되었잖아요.”

“그렇다네. 바로 그게 사실 오늘날 가장 심각한 문제들 중 하나라네. 전통 사회에서는 기독교 사회였든 아니었든 간에 혼전에 성적 순결을 지키는 것은 매우 가치로운 일로, 당연한 윤리적 책임으로 여겨졌지. 물론 전통적인 사회 중에서도 매우 가부장적인 사회에서는 여성에게만 성적 순결을 강요하는 모순을 보였지만 말일세. 오늘날 인간의 자유와 자율성과 선택권을 강조하는 서구적 세계관이 전 세계로 확산되면서 성에 대한 전통적인 가치관이 무너져 버렸고, 그 결과 성에 대한 성경적인 관점도 도매급으로 시대착오적인 것으로 내팽개쳐지고 있지. 정말 무서운 세상이 되어 버렸어."

"그렇기 때문에 성에 대한 성경적인 관점을 변증하는 것 역시 몹시 어려운 일이 되어 버린 것 같습니다."

스티브가 고개를 끄덕이며 말했다.

사실 스티브는 정곡을 찌르고 있었다. 성에 대한 성경적 관점이 교회 내에서조차도 잘 교육되지 않고 지켜지지 않는 상황, 예수님을 믿는다고 하는 사람들조차 세상적인 관점을 따라 살아가는 상황에서, 세상 사람들에게 성경적인 관점이 옳은 것임을 변호하는 일은 거의 불가능한 일일지도 모른다는 생각이 스쳐 지나갔다.

"그럼에도 우리 그리스도인들은 성에 대한 성경적인 관점을 고수하고, 성경의 가르침을 따라 사는 좁은 길을 걸어야 한다네. 특별히 이 영역에서 믿지 않는 사람들을 말로만 설득하려 하지 말고, 우리가 거룩한 성생활과 아름다운 결혼생활을 실천함으로써 세상 사람들이 우리에게 매력을 느끼도록 삶의 변증학을 실천해 가야 한다고 생각하네."

"교수님 말씀에 동의합니다. 그리스도인들의 삶이 변화되고, 그 변화된 삶 속에서 향기가 나고 맛과 멋이 느껴질 때 세상 사람들이 우리 속에 있는 소망에 관한 이유를 묻게 될 것입니다. 그럴 때를 대비해서 항상 준비하고 있다가 온유하고 두려운 마음으로 신실하게 답해 주면 그들 중에서 주님께로 돌아올 사람들이 있으리라고 믿습니다."

이혼을 어떻게 볼 것인가?

"교수님, 성에 대한 이야기를 다루면서 이혼에 대한 이야기를 다루지 않을 수 없을 것 같은데요……. 요즘 부모님들의 이혼으로 고통받고 있는 청소년들이 너무 많거든요. 이혼 문제를 어떻게 보아야 할까요?" 결혼이 중요한 사안인 만큼, 결혼이 깨어지는 이혼 역시 심각하고 진지하게 다뤄야 할 문제였다.

"이혼에 대한 성경의 가르침은 명백하지. '하나님이 짝지어 주신 것을 사람이 나누지 못할 지니라'(마 19:6)는 것이 주님의 엄정한 말씀이라네. 그러나 이혼이 절대 불가한 것은 아니라네. 예수님께서는 '누구든지 음행한 이유 외에 아내를 버리고 다른 데 장가드는 자는 간음함이니라'(마 19:9)라고 말씀하심으로써 결혼한 남녀가 음행으로 결혼의 언약을 깨뜨렸을 때는 이혼이 가하다고 말씀하셨지."

"교수님, 그것은 저도 알고 있습니다. 문제는 이런 성경적인 이혼관이 현대인에게는 너무나 시대착오적인 혹은 케케묵은 것처럼 보인다는 데 있습니다."

"맞네. 오늘날 미국의 이혼율은 거의 51퍼센트에 육박하고 있지. 이 말은 결혼한 두 쌍의 부부 중 한 쌍이 이혼한다는 것인데…… 정말 심각한 문제네. 음행의 이유로 이혼하는 부부도 많아지는 추세지만, 음행의 이유가 아님에도 성격 차이나 경제적인 문제나 삶에 대한 다른 태도의 문제로 이혼하는 사람들이 점점 많아지고 있지. 하지만 이혼을 가볍게 생각하는 사람들에게 경종을 울리는 통계 자료가 있다네."

"그것이 뭔가요?"

"하나는 자녀들에게 가장 큰 고통과 상처를 주는 일은 부모님이 일찍 돌아가시는 것이 아니라, 부모님이 이혼하는 것이란 연구 결과라네. 다시 말하면 부모님의 이혼만큼 자녀에게 고통과 아픔을 주는 것은 없다는 것이지. 그런 의미에서 자녀를 조금이라도 생각한다면 이혼 문제를 그렇게 가볍게 여길 수는 없는 노릇이지."

"둘째는 뭔가요?"

"둘째는 삶의 더 나은 행복을 추구해서 이혼한 사람들이 재혼했을 경우 다시 이혼할 확률은 훨씬 높아진다는 연구 결과지. 다시 말하면 한 번 이혼은 두 번, 세 번 이혼을 낳는다는 것이고 그만큼 행복감은 상실된다는 거야."

"그렇군요. 그런 사실들을 미리 인식하기만 해도 이혼이 많이 줄어들겠네요……. 그런데 오늘날 더 심각한 문제는 교회에 다니는 사람들의 이혼율이 불신자들의 이혼율과 별반 차이가 없다는 겁니다."

"맞네. 사실 오늘날 소위 그리스도인이라고 하는 사람들이 결혼생활에 모범이 되지 않고 불신자만큼 쉽게 이혼을 한다는 것 자체가 성경적인 결혼관과 이혼관을 변증하는 데 커다란 장애물이 되고 있다네."

"그런 의미에서 교회 내에서 성과 결혼과 이혼에 대한 성경의 가르침이 좀더 명확하게 교육되어야겠고, 더 나아가 그리스도인들이 거룩한 성생활, 아름다운 결혼생활 그리고 이혼을 억제하는 삶을 통해 모범을 보일 때 참된 의미에서 진리를 변증할 수 있다고 믿습니다."

"자네, 정말 옳은 말을 했네. 기독교의 변증은 반드시 이론적인 작업이어야 하지만, 기독교 변증이 더 효력이 있으려면 그리스도인의 실천이 반드시 따라야 한다네. 이 점에서 미국이나 전 세계의 복음주의권이 더 분발할 수 있으면 좋겠어."

동성애에 대한 기독교인의 태도는 너무나 편협하다?

"교수님, 한 가지 더 중요한 질문이 있습니다. 동성애에 대한 것인데요. 우리 그리스도인들은 동성애를 어떻게 이해하고, 또 동성애자들을 어떻게 대해야 하는지요? 제가 섬기는 중고등부 학생들이 이 문제에 대해 많은 혼란을 겪고 있어서요. 그리고 세상 사람들은 교회와 그리스도인들이 동성애자들을 미워하고 혐오하며, 그러한 미움과 혐오는 사랑을 실천해야 하는 그리스도인들 스스로 자신들의 정체성을 무너뜨리는 것이라고 비난하고 있어요. 그래서 말과 행동이 다른 그리스도인들 때문에 예수님 믿기가 싫다고 하는 사람들이 많아요."

스티브는 대화의 주제를 동성애로 돌렸다. 동성애 문제 역시 매우 복잡하다. 나는 생각을 가다듬으며 조심스럽게 입을 열었다.

"성경은 반복적으로 동성애를 죄악이라고 규정하고 있다네. 레위기 20장 13절이 대표적인 구절이지. '누구든지 여인과 동침하듯 남자와 동침하면 둘 다 가증한 일을 행함인즉 반드시 죽일지니 자기의 피가 자기에게로 돌아가리라.' 동성애가 심각한 죄인 이유는 첫째, 하나님께서 세우신 이성애라는 자연적인 법칙에 어긋나기 때문이며 둘째, 동성애는 성을 전적으로 쾌락적인 의미에서만 접근한 결과이기 때문이지. 성경은 성을 결혼한 남녀가 함께 누리는 쾌락의 측면에서도 접근하지만, 남녀의 성적 연합을 통해 이뤄지는 재생산, 즉 생육과 번성의 차원에서도 접근한다네. 하지만 동성애는 성의 재생산의 측면을 완전히 무시하기 때문에 하나님의 원래 의도를 무시하는 악한 것이라네."

내 말을 심각하게 듣고 있던 스티브가 질문을 제기했다.

"동성애가 죄라는 것이 분명하다면 우리가 동성애자를 미워하는 것이 정당하지 않나요?"

"그렇지 않다네. 주님은 죄를 미워하라고 분명히 말씀하셨지만, 동시에 죄인을 사랑하고 또 죄를 회개하는 모든 자는 용서하고 용납하라고 하셨다네. 그런 의미에서 동성애자들을 미워하거나 그들을 두려워하는 호모포비아는 바른 자세가 아니라네."

"아, 그렇군요……. 그런데 그것이 사실 매우 어려운 일인 것 같아요. 동성애가 죄악이라는 관점을 분명하게 견지하면서도 동성애자들에 대한 사랑과 긍휼의 마음을 견지한다는 것은 결코 쉬운 일이 아닌 것 같습니다."

"물론 쉽지 않은 일이지……. 그렇지만 원수까지도 사랑하라는 주님의 명령을 받은 우리 그리스도인들이 동성애자들을 혐오하는 자세를 취함으로써 세상 사람들이 예수님과 복음을 거부하는 빌미를 제공한다는 것은 너무나 안타까운 일이라네."

"교수님의 말씀이 옳은 것 같습니다. 하지만 오늘날 미국 내에서는 동성간의 결혼을 합법화함으로써 결혼 자체를 재정의하려는 사람들이 많아지고 있어요. 그리고 그사람들은 동성간의 결혼을 반대하는 교회와 그리스도인들에 대하여 동등한 인권을 가진 사람을 차별한다며 비난을 퍼붓고 있어요. 이 점에 대해 우리는 어떻게 대응해야 할까요?"

사실 이 문제는 또 다른 차원의 이슈였다.

"동성애자들이 이성애자들과 동등한 인권을 가진 사람이라는 점에는 우리 그리스도인들도 반대할 이유가 없다고 보네. 그리고 동성애자들이 시민으로서 동등한 권리를 가진다는 점에도 우리 그리스도인들이 반대할 이유는 없지. 하지만 그럼에도 결혼 자체에 대한 정의를 바꾸려는 시도에 대해 우리는 분명하고 단호하게 성경적인 관점을 유지해야겠지. 결혼이란 한 남자와 한 여자의 결합이라는 하나님의 관점을 계속 변호해야지. 그러면서도 우리 그리스도인들은 동성애자들이 인간으로서 누려야 할 인권과 시민으로서 누려야 할 민권을 존중하는 태도를 변함없이 견지해야 한다네."

내 말에 스티브는 상당히 놀라는 눈치였다. 동성애자들에 대한 마녀사냥식 접근에 익숙해져 있던 터라 그는 내 생각에 쉽게 동의가 되지 않는 듯했다.

"교수님, 교수님의 생각이 맞는 것 같긴 한데 심정적으로 잘 동의가 되지 않네요. 교수님의 관점은 지나치게 포용적인 것 같습니다. 우리 그리스도인들이 동성애자들에 대한 사랑과 긍휼의 마음을 변함없이 유지하고, 그들의 인권과 민권을 존중하면서도 그들에게 반드시 해주어야 할 이야기가 있을 듯한데요. 사랑으로 진리를 말하는……."

스티브는 뭔가 아직 명확하게 해명되지 않았다는 듯 말을 이어갔다.

"그렇다네. 우리는 동성애와 동성결혼으로 초래될 다양한 부정적 결과들에 대해 계속 진실을 말해야 한다네. 선천적으로 동성애적 지향성을 타고났든, 후천적인 선택으로 동성애적 행동을 하게 되었든 동성애는 여러 차원에서 부정적인 열매들을 낳고 있네. 우선 동성애자들의 건강 정도가 이성애자들보다 현격히 떨어지고, 동성애자들이 이성애자들보다 평균 수명이 현저하게 낮다는 연구 결과가 있지. 동성애 부부가 입양한 자녀들을 데리고 함께 산다고 할 때, 그 자녀들이 한쪽 여성을 아버지로, 한쪽 남성을 어머니로 부르며 자랄 수밖에 없지 않은가? 그렇다면 이 입양된 자녀들이 남성을 아버지로, 여성을 어머니로 부르며 자랄 수 있어야 할 그들의 인권은 사실상 동성 부부에게 짓밟히고 있는 셈이지 않은가?"

"그렇군요. 저는 그렇게까지는 생각해 보지 못했습니다. 교수님께서 여러 각도에서 설명해 주셔서 이제는 동성애 문제를 어떻게 바라보는 것이 성경적인지 알 것 같습니다. 그리고 우리 그리스도인들이 성경적이고 균형 잡힌 시각을 가지고 사랑과 긍휼의 마음으로 동성애자들을 대할 때, 그런 모습을 통해 예수님을 믿지 않는 사람들, 심지어 동성애자들조차도 주님께로 돌아올 수 있겠다는 생각이 듭니다. 꽤 긴 시간 고견을 나누어 주셔서 고맙습니다."

"아닐세. 자네의 삶과 사역에 조금이나마 도움이 되었다면 그것으로 족하네. 또한 나를 찾아 주어서 고맙네."

스티브는 자리에서 일어나 미소를 머금은 채 나에게 악수를 청했다. 연구실을 나가는 스티브를 보면서 주님께서 그의 삶과 사역을 붙들어 주시기를 기도했다.

중요 용어 다시 보기

동성애
homosexuality

성경이 가르치는 남성과 여성의 결혼과 성생활에 반대되는 개념으로, 동성간의 성생활과 결혼을 추구하는 지향성, 성향, 행동 들을 포함한다.

호모포비아
homophobia

동성애 자체와 동성애자들에 대해 느끼는 혐오감, 두려움, 공포감을 뜻하며, 일반적으로 동성애자들에 대한 회피, 차별, 억압, 폭력을 초래하는 심리적 상황.

토의 문제

01- 교회 내에서 성과 관련된 문제들이 왜 적극적으로 공론화되지 않는지 그 이유를 나누어 보라.

02- 그리스도인들의 모범적인 성생활과 결혼생활이 복음 진리의 변증에 미치는 긍정적인 영향에는 어떤 것들이 있는가?

03- 호모포비아를 극복하고 성경적이고 균형 잡힌 시각에서 동성애자들을 대한다는 것은 무엇을 뜻하는가?

15

기독교는 일반 사회·정치·경제·문화에 대해 너무 무관심한 것 같아요

내가 사역하는 덴버신학교에는 한국에서 유학 오거나 이민 온 학생들과 이민 2세 학생들이 많다. 내가 덴버신학교에 부임했을 때는 한국 학생이 한둘이었는데, 지금은 30명 정도가 학문과 영성을 연마하고 있다. 어느 날 오전 수업을 마치고 캠퍼스를 산책하는데 유학생인 박민철 전도사님이 내게 다가왔다. 한국의 성결교회에서 자란 박 전도사님은 중국 선교를 꿈꾸며 미래를 준비하고 있으며, 실력과 영성이 겸비된 훌륭한 학생이다. 또한 내가 섬기는 평생교육원의 조교로서 나를 돕고 있다.

교회도 잘못과 허물을 인정할 줄 알아야 한다

"교수님, 안녕하세요? 수업 마치고 산책 중이세요?"

"그래요. 반가워요. 잘 지내지요? 오전에 수업이 있었나요?"

"아니요. 오후에 성경해석학 수업이 있습니다."

"그래요……. 공부는 재미있나요?"

"네, 이제는 좀 적응이 되어 수업 시간이 너무나 기다려집니다. 교수님들의 열정적인 강의와 학생들의 토론 모두 제게 매우 유익합니다. 정말 많이 배우고 있습니다."

"다행이네요. 계속 주님께서 이끌어 주실 줄 믿어요."

그렇게 인사를 나누고는 몸을 돌려 연구실로 향해 걸어가는 나를 붙들면서 박 전도사님이 말했다.

"교수님, 혹시 지금 한 30분 정도 시간이 되시는지요? 제가 꼭 좀 여쭙고 싶은 일이 있어서요."

"그래요. 오후 시간은 자유연구 시간이니까 내 연구실로 가서 말씀 나누지요."

둘은 연구실로 들어와서 자리에 앉았다.

"그래, 무슨 일인가요?"

"한국에 어릴 적부터 친구가 있는데, 오랫동안 이 친구를 위해 기도해 왔습니다. 꼭 예수님을 믿고 새사람이 되었으면 하는 마음으로요. 이제는 회심에 거의 가까이 오지 않았나 싶었는데 최근 갑자기 또 기독교에 대한 마음이 멀어졌어요. 제 마음이 좀 어렵네요."

박 전도사님의 얼굴에는 슬픔의 그림자가 드리워져 있었다.

"도대체 이유가 뭔가요? 최근 특별히 어려운 일을 겪었나요?"

"네, 다름이 아니라 제 친구는 오랜 세월 공장 근로자로 일했어요. 직장에서도 노조 활동을 했구요. 평소 교회가 사회·정치·경제·문화적인 문제에 너무 무관심한 것 같다고 불평을 했거든요. 특히 남북 분단 상황에서의 통일 문제, 저임금으로 차별대우를 당하고 있는 비정규직 근로자들의 생업과 인권 문제, 청년 실업·저출산·고령화 문제, 북한을 떠나 한국에 정착한 새터민들의 생존 문제, 한국에 이민 와 있는 다문화 가족들의 삶의 질 문제, 비참하게 무너진 한국의 공교육 문제, 다양한 환경 파괴 문제 등등 자기가 보기에 많은 사람들의 생존이 걸린 이슈들에 교회는 거의 무관심으로 일관한다고 비난해 왔거든요. 며칠 전 제게 이메일을 보내와 이런 매우 중요한 부분에 교회가 관심을 갖지 않는 것을 보고 자기 양심상 그리스도인이 될 수 없다고 하더군요. 이 친구를 어떻게 설득해야 될지 난감합니다."

쉽지 않은 상황이었다. 나는 생각을 정리하며 말했다.

"제가 보기에 몇 가지 전략적 접근이 필요할 것 같아요."

"어떤 접근이 필요할까요?"

박 전도사님이 간절한 눈빛으로 나를 응시했다.

"첫째, 지난 세월 동안 한국 교회가 이런 문제들에 더 적극적인 관심을 갖지 못했고, 더 적극적인 목소리를 내지 못한 점을 인정해야 할 것 같아요. 우리의 허물과 잘못을 인정하는 것이 전도사님 친구의 마음을 움직일 수 있다고 봅니다."

"우리의 잘못을 인정하면 더 의기양양해져서 교회를 비판하고 교회와 담을 쌓지 않을까요?"

"아니에요. 우리의 허물과 잘못을 인정하는 것은 첫 단계입니다. 그러고 나서 기독교가 근원적으로 그리고 본질적으로 사회 참여적이고 문화 참여적인 종교임을 친구에게 해명해 주셔요. 그리고 최근 한국 교회들 중에 이 사회·문화 분야에서 모범적으로 사역하는 실례들을 보여 주는 겁니다. 그러면 전도사님 친구의 마음이 많이 움직일 겁니다."

"교수님의 말씀이 매우 설득력 있게 다가옵니다. 우선 우리의 허물과 잘못을 겸손하게 인정하자는 말씀이 신선합니다."

"세상의 많은 사람들은 교회를 자기 의에 대한 확신으로 가득 찬 나르시스트적인 기관으로 바라봅니다. 교회는 절대로 잘못할 수도 없고 잘못한 적도 없다고 생각하기에, 결코 잘못을 인정하지 못하는 이기적이고 병리적인 집단으로 인식하지요. 그러나 교회가 잘못과 허물을 진실된 마음으로 인정하기 시작하면 교회를 새롭게 보기 시작합니다. 그런 점에서 우리 한국 교회는 잘못을 인정하는 데 너무 미숙했다고 여겨집니다. 이제는 교회에 대한 세상의 비판을 겸허하게 수용하면서 잘못된 점을 고쳐 가는 성숙함을 보여 줘야 한다고 생각해요."

"교수님, 교회에 대한 세상의 비판을 교회가 수용한다는 것이 너무 자존심 상하고 부끄러운 일이잖아요. 그렇게 하기가 쉽지 않을 것 같아요."

"맞아요. 쉽지 않은 일이지요. 그렇지만 교회가 잘못한 일이 있다면 하나님께만이 아니라, 사람과 세상을 향해서도 고백하고 인정해야 합니다. 그렇게 할 때에야 비로소 세상은 교회에 귀를 기울이고, 마음을 열기 시작하지요."

“그렇다면, 제 친구가 지적한 영역에 대해 교회가 충분한 관심을 갖지 못했고, 그로 인하여 한국 사회에 선한 영향을 미치지 못했음을 인정하는 메일을 보내야겠습니다. 그다음 단계에서 교수님께서 말씀하신 내용이 무척 궁금합니다. 기독교가 근원적으로 그리고 본질적으로 사회 참여적이고 문화 참여적인 종교임을 어떻게 해명해 주어야 할까요?”

“우선 기독교가 본질적으로 선행을 강조하는 종교라는 것을 성경적으로 해명해 주는 것이 중요합니다. 이어서 역사적으로 교회가 어떻게 사회와 문화에 기여해 왔는지를 밝혀 주어야지요.”

“기독교가 선행을 강조하는 종교라고요?”

전도사님은 내 말에 몹시 놀라는 눈치였다.

“저는 기독교가 선행을 강조하는 종교라고는 한 번도 생각해 본적이 없는데요……. 무슨 말씀이신지 이해가 되지 않습니다. 특별히 기독교의 복음의 핵심은 선행으로 구원받는 것이 아니라 오직 믿음으로 구원을 받는다는 것 아닌가요?”

“맞아요. 죄인이 오직 믿음, 오직 은혜, 오직 예수님의 십자가와 보혈로 구원을 받는다는 것이 복음의 본질이지요. 하지만 많은 그리스도인이 거기에만 머물기 때문에 기독교가 세상 사람들에게 손가락질을 받는 겁니다.”

“네?”

전도사님은 아직도 내가 어느 방향으로 논리를 전개하고 있는지 감을 잡지 못했다.

선행은 구원의 목적

"자, 그럼 본격적으로 성경으로 돌아가 봅시다. 에베소서 2장 8-10절을 찾아서 읽어 보세요."

전도사님은 자기가 들고 있던 성경을 펼쳐서 읽기 시작했다.

"'너희는 그 은혜에 의하여 믿음으로 말미암아 구원을 받았으니 이것은 너희에게서 난 것이 아니요 하나님의 선물이라. 행위에서 난 것이 아니니 이는 누구든지 자랑하지 못하게 함이라. 우리는 그가 만드신 바라 그리스도 예수 안에서 선한 일을 위하여 지으심을 받은 자니 이 일은 하나님이 전에 예비하사 우리로 그 가운데서 행하게 하려 하심이니라.' 교수님, 이 구절은 매우 익숙한데요. 오직 은혜와 믿음으로 말미암은 구원이라는 복음의 핵심을 선포하는 구절이죠?"

"맞아요. 그런데 많은 사람들이 8절과 9절에는 큰 관심을 기울이지만 거기서 머물러 버리고 10절로 넘어가지 않는다는 데 문제가 있어요. 전도사님은 10절을 보고 느끼는 것이 없나요?"

전도사님은 10절을 재차 읽으면서 곱씹더니, 뭔가 깨달았다는 듯 얼굴에 미소를 지었다.

"네, 알 것 같습니다. 10절을 자세히 분석해 보니까 하나님께서 우리를 구원하셔서 새로운 피조물로 만드신 것이 '선한 일을 위하여'라는 것을 깨닫게 되네요. 다시 말하면 선한 일, 즉 선행이 우리가 구원받은 목적이라는 말씀이네요." 전도사님은 덴버신학교에서 훈련받은 실력을 유감없이 발휘했다.

"그렇지요. 선한 일 곧 선행은 구원의 조건이 결코 그리고 절대로 아니지만, 오직 믿음과 은혜로 구원받은 그리스도인의 삶의 목적이 바로 선행이 되어야 한다는 것, 바로 그것을 우리 한국 교회는 너무 오랫동안 놓치고, 잊어버렸던 겁니다."

"아, 정말 너무 중요한 교훈입니다." 전도사님이 탄성을 질렀다.

"사실 이 구절과 동일한 의미를 담은 예수님의 말씀이 있어요."

"그게 어디 나오죠?"

"마태복음 5장 13-16절을 찾아 읽어 보세요."

"'너희는 세상의 소금이니 만일 그 맛을 잃으면 무엇으로 짜게 하리요 후에는 아무 쓸 데 없어 다만 밖에 버려져 사람에게 밟힐 뿐이니라. 너희는 세상의 빛이라 산 위에 있는 동네가 숨겨지지 못할 것이요. 사람이 등불을 켜서 말 아래에 두지 아니하고 등경 위에 두나니 이러므로 집 안 모든 사람에게 비치느니라. 이같이 너희 빛이 사람 앞에 비치게 하여 그들로 너희 착한 행실을 보고 하늘에 계신 너희 아버지께 영광을 돌리게 하라.' 교수님, 이 구절도 매우 익숙한데요. 여기서도 제가 놓치고 있는 부분이 있나요?"

"그래요. 마지막 16절을 좀더 자세히 읽어 보세요. 뭐 느끼는 것이 없나요?"

전도사님은 진지하게 본문을 읽으면서 뭔가를 찾아내려 했다.

"교수님, 여기에도 '착한 행실'이라는 말이 나오네요. 평소에는 이 부분을 그냥 지나쳤는데 오늘 다시 보니까 주님께서 '착한 행실'이라는 말을 사용하셨네요. 그리고 세상의 빛 된 우리 그리스도인이 그 빛을 비치게 하는 일이 바로 착한 행실을 감당하는 것이고, 우리가 그렇게 할 때 세상 사람들이 하늘에 계신 하나님 아버지께 영광을 돌리게 된다는 말씀이네요."

"맞아요. 착한 행실 즉 선행은 구원의 조건이 결코 아니지만, 구원받은 그리스도인의 삶 속에 반드시 있어야 할 필수적인 의무이자 구원의 목적임을 우리는 다시 깨달아야 하지요."

"그렇다면 교수님, 성경이 말하는 착한 행실, 선한 일, 선행은 어떤 것들인가요?"

"여러 가지가 있겠지요. 우선 구약성경이 계속 강조하는 가난한 자, 약자들에 대한 관심과 배려가 있지요. 특히 고아나 과부나 객에 대한 긍휼과 환대가 선행이지요. 원수된 관계를 회복하는 화해 역시 선한 일이구요. 신약성경을 보면 선한 일, 선행은 항상 나눔과 연결되어 있어요. 한번 찾아 볼까요? 디모데전서 6장 18절을 읽어 보세요."

박 전도사님은 다시 성경을 펴서 읽기 시작했다.

"'선을 행하고 선한 사업을 많이 하고 나누어 주기를 좋아하며 너그러운 자가 되게 하라' 교수님께서 말씀하신 것처럼 이 구절은 선행과 선한 사업을 너그럽고 관대한 나눔에 연결시키고 있네요."

"맞아요. 비슷한 구절이 히브리서 13장 16절이에요. 한번 읽어 보세요."

"'오직 선을 행함과 서로 나누어 주기를 잊지 말라 하나님은 이 같은 제사를 기뻐하시느니라.' 이 구절에서도 선행과 나눔을 연결시키고 있네요. 결국 선한 일, 선행이란 쌓고 축적하는 것이 아니라, 나누고 베풀고 퍼주는 것이란 결론이 내려지네요."

"맞아요."

"그렇다면 교수님, 우리 그리스도인들이 나눠야 할 것들이 뭐가 있을까요?"

"좋은 질문이에요. 무엇보다 재물, 물질, 돈이죠. 그다음은 우리의 은사와 재능이구요. 물질을 기부할 수 없을 경우 재능 기부를 할 수 있거든요. 그다음은 사랑이고요. 이 세 가지를 나누는 일이 정말 중요하지만 복음을 나누지 않으면 이 세 가지 나눔도 미완의 나눔으로 끝나고 말지요."

"교수님의 말씀을 들으니까 우리 기독교가 본질적으로 선행을 강조하는, 즉 사회 참여적이고 문화 참여적인 종교라는 사실에 공감이 되네요. 왜 우리가 이 부분을 잘 몰랐을까요? 제 친구에게 이 부분을 정리해 주면 그 친구의 마음이 많이 열릴 것 같아요."

교회사에 나타난 사회 참여, 문화 참여의 모습

"교수님, 교회사적으로 교회가 어떻게 사회와 문화에 기여해 왔는지를 밝혀 주어야 한다고 말씀하셨는데요, 교회사적인 예들이 많이 있나요?"

"그럼요. 너무나 많지만 두 가지 대표적인 예를 들어 보지요. 첫

째가 고대 로마제국 시대에 교회가 했던 일이에요. 로드니 스타크Rodney Stark라는 종교사회학자가 밝혀낸 것이 있어요. 로마제국 시대에 교회는 인권을 유린당하는 여성들을 돕는 일에 앞장섰어요. 그리고 당시 죽은 가족들의 장례식을 치르는 일이 경제적으로 몹시 힘든 일이었는데 교회 공동체가 신자나 불신자나 차별 없이 가난한 사람들의 장례식을 치러 주는 선행을 지속했다고 합니다. 그 결과 많은 불신자들이 개종하게 되었고, 개종하지 않더라도 교회에 대해 긍정적인 시각을 유지했다는군요."

"그렇군요. 교회가 사회·경제적 문제 해결에 앞장섰고, 여성차별이라는 문화적 문제를 해결하는 데 선도적인 역할을 했군요."

"맞아요. 또 다른 예는 전도사님도 잘 알겠지만, 18~19세기 영국의 노예 무역을 폐지하는 일에 그리스도인들이 적극적으로 참여했지요. 대표적인 사람이 바로 윌리엄 윌버포스William Wilberforce라는 복음주의 정치가죠. 윌버포스의 활약에 대해서는 '어메이징 그레이스'Amazing Grace라는 영화도 있지요."

"교수님, 한 가지 예가 더 생각나네요. 19세기 영국에서 사회 봉사와 구제를 위해 창립된 윌리엄 부스William Booth의 구세군 역시 교회의 사회·문화 참여의 탁월한 예가 될 것 같습니다."

"맞아요."

"이런 역사적인 실례들을 잘 찾아서 제 친구에게 소개해 준다면 그의 마음이 좀더 움직일 것 같아요."

한국 교회 내에서의 모범적 실례들

"교수님께서 최근 한국 교회들 중에 이 사회·문화적 참여라는 부분에서 모범적으로 사역했던 실례들을 보여 주라고 말씀하셨는데 어떤 것들이 있을까요?"

"우선 강조되어야 할 것이, 한국의 고아원이나 양로원 등 사회복지 시설의 60~70퍼센트를 운영하는 곳이 교회라는 사실을 분명하게 알려 주어야 합니다. 사실 이 부분이 불신자들에게 정확하게 소통되지 않고 있어요. 물론 한국 교회가 그 능력을 충분히 발휘하고 있거나, 책임을 다하고 있다는 뜻은 아니에요. 또 그 시설들의 운영이 매우 합리적이고 모범적이라는 말도 아니에요. 그렇지만 불교나 천주교에 비해 선한 일에 훨씬 앞장서고 있는 것이 한국 교회라는 점은 분명하게 알아야 합니다."

"실은 저도 그 점을 잘 몰랐어요. 좀 미리 알았으면 제 친구와 정확하게 소통했을 텐데요……."

"남북 통일 문제를 풀기 위해 노력하는 여러 단체들이 있구요. 탈북자들을 돕는 선교 단체인 '두리하나선교회', 북한의 결핵 아동들을 치유하기 위해 오랫동안 사역한 '세계결핵제로운동본부'를 비롯하여 '남북나눔운동', '기아대책', '컴패션', '월드비전', '굿네이버스' 그리고 아동 성매매 근절 운동을 펴고 있는 '큐리오스 인터내셔널' 같은 NGO와 선교 단체들이 모두 기독교 정신으로 창립되고 운영되고 있고, 각 지역 교회에서 추진하는 '경로대학', '호스피스 사역',

'독거노인 돕기', '다문화가정 돕기', '소년소녀 가장 돕기' 등 무수한 실례들이 있어요. 한국 교회가 사회·문화적 참여를 안 한다기보다는, 안 알려진 측면이 강한 거지요."

"그렇군요……. 저부터도 이런 부분에 무지했다는 것이 부끄럽습니다. 그럼에도 한국 교회가 더 분발해야 할 영역이 있을 것 같은데요."

"맞아요. 최근 예배당 건축 바람이 불면서, 좀더 많은 예산을 사회·문화적 참여를 위해 사용할 수 없게 된 점은 안타까운 일이지요. 교회의 외형을 키우는 일에 예산을 사용하는 일을 자제하고, 사회가 당면한 다양한 과제들을 껴안고 해결하기 위해 더 열정적으로 노력해야 한다고 생각해요."

"이 정도만 가지고도 제 친구에게 이야기하면 그의 마음이 많이 움직일 것 같습니다. 정말 큰 도움이 되었습니다. 고맙습니다."

박 전도사님은 큰 힘을 얻은 듯, 얼굴에 미소를 띠면서, 내게 꾸벅 인사하고 자리를 떴다.

중요 용어 다시 보기

교회의 사회 · 문화 참여
social, cultural engagement

교회가 사회와 문화에서 도피하여 세상에서 게토화되는 것이 아니라, 적극적으로 세상 속으로 들어가 사회의 문제들을 껴안고 해결하기 위해 노력하는 것. 그렇게 함으로써 궁극적으로는 더 많은 영혼들을 주님께 돌아오게 할 수 있으며, 하나님의 공의가 이 땅에 더 폭넓게 실현되게 할 수 있다.

구원과 선행의 관계

구원은 오직 믿음, 오직 은혜, 오직 보혈, 오직 예수님의 십자가만으로 이뤄진다. 따라서 죄인의 선행은 결코 구원의 조건이 될 수 없다. 그러나 오직 믿음과 은혜로 구원받은 목적이 바로 선행이며, 구원의 결과, 열매, 증거가 선행이다.

토의 문제

01- 교회가 자신의 잘못과 허물을 인정하는 것이 기독교의 변증에 미치는 긍정적, 부정적 영향에 대해 토의해 보라.

02- 기독교가 본질적으로 사회 참여적이고 문화 참여적인 종교라는 말은 무슨 뜻인가?

03- 구원과 선행에 대해 성경적으로 바른 관점은 무엇인가? 잘못된 관점은 무엇인가?

16

기독교는 너무 자본주의적인 종교 아닌가요?

덴버신학교에서 공부하고 있는 한인 학생들 중에는 미국으로 이민 와서 오랫동안 살다가 늦게 소명을 받고 신학교에 입학한 학생들이 상당수 있다. 그중 이경제 전도사님은 젊은 시절 미국으로 유학 왔다가, 나중에 이민 수속을 밟아 정착한 분이다. 이 전도사님은 부인과 함께 덴버 지역에서 세탁소를 운영해 왔으며, 지역 교회에서 집사와 목장의 목자로 섬기던 중 성경과 신학에 대한 관심을 갖게 되었다. 일반 성도들을 위해 개설된 덴버신학교 평생교육원에서 수업을 듣다가, 결국 덴버신학교에 정식 입학하여 리더십 석사 과정을 밟고 있었다. 사업을 운영했었기에 기독교와 경제, 성경적 물질관, 청지기 정신 등에 큰 관심이 있었다.

기독교는 돈과 자본주의에 친화적이다?

어느 날 막 학교에 도착하여 주차하고 연구실로 들어가

려는 참이었다. 학생회관 쪽에서 이경제 전도사님이 다가오면서 손을 흔들며 인사했다. 나도 손을 흔들며 전도사님께 다가갔다.

"교수님, 안녕하세요?"

"아, 이 전도사님, 안녕하세요? 반갑습니다. 잘 지내시지요?"

"네, 덕분에 잘 지내고 있습니다. 공부하는 것도 이제는 제법 익숙해졌구요."

"그래요. 신학 공부를 통해 영적으로 많은 유익을 얻으실 것으로 확신합니다."

"네, 감사합니다. 그런데 교수님, 혹시 지금 바쁘지 않으세요? 시간이 괜찮으시면 연구실에서 좀 여쭙고 싶은 것이 있는데요."

"네, 한 시간 정도 시간이 될 것 같아요. 그 후에는 교수 회의가 있습니다. 그럼 내 연구실로 갈까요?"

연구실에 도착한 우리는 탁자를 사이에 두고 서로 마주 앉았다.

"전도사님, 어떤 말씀을 하고 싶으신지요?"

"네, 다름이 아니라 교수님도 아시다시피 부족하지만 제가 속한 교회에서 지난 몇 년간 목자로 섬겨 왔습니다. 우리 목장에 속한 한 자매님의 남편이 아직 예수님을 믿지 않으시는데 가끔씩 저희 목장 모임에 나오시거든요. 그분은 모임에 나오실 때마다 상당히 도전적인 질문들을 많이 던지세요. 그 질문들에 저나 다른 목원들이 잘 대답해 줄 수 있으면 큰 문제가 없는데, 그렇지 않을 경우 분위기가 좀 썰렁해지지요.

실은 어제도 우리 목장 모임이 있었는데 그분이 와서 대뜸 '기독교는 너무 자본주의적인 종교 아닌가요? 저는 그래서 기독교를 싫어합니다'라고 하셔서 분위기가 상당히 가라앉았어요. 이런 분들에게는 어떻게 대답해 주어야 할까요?"

사람마다 기독교에 반감을 가지는 이유는 다양하다. 하지만 이분은 나름대로 이유가 있는 반감을 품은 것 같았다.

"전도사님, 그분이 '기독교가 너무 자본주의적인 종교다'라고 말할 때 기독교의 어떤 부분이 구체적으로 자본주의적이라는 것인지요?"

"네, 제가 보기에는 교회가 헌금을 강조한다든가, 돈 있는 사람들이 교회에서 발언권을 얻고, 장로나 권사나 안수집사 등의 중직을 맡게 된다든가, 목회자들이 돈 있는 사람들에게 더 신경을 쓴다든가……, 뭐 그런 것을 뜻하는 것 같습니다. 좀더 나아간다면 기독교가 자본주의 체제나 자유 시장경제 체제에 친화적인 태도를 취한다……, 뭐 그런 것을 의미하는 것 같아요."

"전도사님, 제가 보기에는 그분이 기독교의 한 면만을 보고 오해하신 것 같아요. 기독교는 결코 돈을 좋아하는 종교도 아니고, 자본주의 체제에 친화적인 종교도 아니에요. 더 깊이 들어가면 기독교는 돈에 대한 사랑을 금하고, 자본주의에 대해 강하게 경고하지요. 이 점이 충분히 소통된다면 전도사님 목장에 나오는 그분에게도 기독교의 진리성과 매력을 잘 전해 줄 수 있을 것 같습니다."

돈과 자본주의에 대한 기독교의 관점

"교수님, 그렇다면 기독교적 · 성경적 관점에서 돈을 어떻게 보아야 할까요? 그리고 자본주의 경제 체제를 어떻게 보아야 할까요?"

"우리 주님은 돈과 재물이 가장 강력하게 하나님을 대신하는 우상이 될 수 있다고 말씀하셨어요. 마태복음 6장 24절이 핵심이지요.

'한 사람이 두 주인을 섬기지 못할 것이니 혹 이를 미워하고 저를 사랑하거나 혹 이를 중히 여기고 저를 경히 여김이라 너희가 하나님과 재물을 겸하여 섬기지 못하느니라.'

무슨 말인가 하면, 세상에는 두 부류의 사람들이 있는데 한 부류는 하나님을 주인으로 섬기는 반면, 다른 부류는 재물을 주인으로 섬긴다는 겁니다. 그만큼 재물 즉 돈은 강력한 힘을 발휘해서 사람들 스스로 돈의 종으로, 돈의 노예로 살아가는 삶을 택한다는 거지요. 인류 역사상 돈과 재물은 전능한 신의 자리로 높여졌고, 사람들은 그 전능한 신 앞에 무릎을 꿇고 경배하며 섬기고 살아왔다는 거지요. 그래서 성경은 돈을 절대로 사랑하지 말라고 말씀하고 있습니다.

디모데전서 6장 10절은 '돈을 사랑함이 일만 악의 뿌리가 되나니 이것을 탐내는 자들은 미혹을 받아 믿음에서 떠나 많은 근심으로써 자기를 찔렀도다'라고 되어 있어요. 돈을 사랑하는 마음과 하나님에 대한 참된 믿음이 병존할 수 없음을 분명히 하지요.

또 디모데전서 6장 17절은 '네가 이 세대에서 부한 자들을 명하여 마음을 높이지 말고 정함이 없는 재물에 소망을 두지 말고 오직 우리에게 모든 것을 후히 주사 누리게 하시는 하나님께 두며'라고 되어 있어요. 재물로 인해 교만해지지 말고, 재물에 소망을 두지 말고, 오직 하나님께만 소망을 두라는 말씀이지요."

"교수님, 성경은 돈을 섬기지 말고, 사랑하지 말고, 돈에 소망을 두지 말 것을 명백하게 가르치고 있군요. 저는 이 부분에 대해 분명하게 알지 못했던 것 같아요. 그럼 기독교와 자본주의 체제의 관계는 어떻게 보아야 하나요?"

"좋은 질문입니다. 자본주의의 본질이 뭔가요? 자본주의란 결국 사적 소유권을 절대적인 기본권으로 인정하는 경제 체제이고, 일반적으로 자유주의 시장경제 체제와 연결되어 있지요. 하지만 좀더 깊이 들어가면, 그것은 한마디로 자본이 최고다, 돈이 최고다, 자본과 돈이 전능하다는 것을 믿는 이데올로기지요. 그런 의미에서 기독교는 자본주의와 병존할 수 없습니다. 자본주의는 돈이 최고라고 하는 데 반해, 기독교는 하나님이 최고라고 하니까 두 가지가 함께 존재할 수 없다는 거지요. 그런 의미에서 자본과 돈을 최고로 높이고 추구하는 자본주의 체제에 기독교는 본질적으로, 근원적으로 비판적인 자세를 취할 수밖에 없는 것이지요."

"교수님, 이론상으로는 그렇다 하더라도 현실적으로 우리가 지금 자본주의 사회에서 살고 있지 않습니까? 우리 그리스도인들도 돈을 벌기 위해 일하고, 번 돈으로 소비와 투자를 하는 자본주의적인 삶을 살아갈 수밖에 없지 않습니까? 그런 상황에서 우리 그리스도인들이 자본주의의 부정적인 요소에 물들지 않고 살 수 있는 길은 무엇일까요?"

이 전도사님은 간절하게 해답을 구하는 듯한 표정이었다.

청지기 정신

"그렇게 사는 방법은 바로 돈과 재물에 대한 성경의 가르침을 따라 실천하는 것이지요. 그 성경적인 가르침을 신학계에서는 청지기 정신이라고 부릅니다."

"청지기 정신이라고요?"

"네, 물질에 대한 청지기 정신이란 바로 모든 재물과 돈의 참된 소유권을 가진 분이 하나님이시라는 신앙 고백에 기초해 있지요. 모든 만물에 대한 절대적이고 배타적인 소유권자이신 하나님이 당신의 주권적인 뜻을 따라 우리에게 돈과 재물을 선물로 주신다는 것이고, 우리는 하나님이 재물을 맡겨서 하나님의 뜻대로 사용하라고 세우신 청지기 즉 관리자라는 정신을 의미합니다. 다시 말하면 청지기 정신이란 돈과 재물에 대한 사람의 소유권을 근원적으로 거부하고, 오직 하나님의 뜻을 따라 사용하고 관리할 수 있는 권한과 책임만을 인정하는 정신이라는 것이지요."

"아, 그렇군요. 교수님의 말씀을 들으니까 왜 기독교가 자본주의에 친화적인 종교라는 오해를 받았는지 깨닫게 됩니다."

"전도사님, 무슨 말이죠?"

"다름이 아니라, 기독교는 사유재산권을 인정하기 때문이지요. 즉 하나님께서 개개인이 사용하고 관리할 수 있는 일정한 재물과 돈을 인정해 주심으로써 재산을 소유하는 것 자체를 금하시지는 않기 때문이지요. 이 점이 사유재산권을 인정하는 자본주의와 닮아 있기 때문에 많은 사람들이 기독교가 자본주의에 친화적인 종교라고 오해해 온 것 같습니다."

"맞아요. 사유재산을 인정한다는 점에서 기독교와 자본주의가 공통점이 있다는 것은 분명합니다. 하지만 그 사유재산의 궁극적 소유권이 사람에게 있느냐 아니면 하나님께 있느냐 하는 질문에 기독교와 자본주의는 완전히 다른 답을 내놓는 것이지요. 기독교는 물질과 재물의 궁극적 소유권은 오직 하나님께만 있고, 인간에게는 소유권자인 하나님의 뜻을 따라 사용하고 관리하는 청지기의 권한만을 인정하는 반면, 자본주의는 돈과 재물의 궁극적인 소유권이 사람에게 있다고 주장하지요. 그렇게 함으로써 자본주의는 돈에 대한 무한한 탐욕과 무책임한 남용을 정당화해 주지요. 반면 기독교는 탐욕과 탐심을 최고의 죄악인 우상숭배로 정죄하는 거고요."

"그렇군요. 교수님, 그럼 청지기 정신을 삶 속에서 구체적으로 실천하는 모습은 어떤 것일까요?"

"가장 중요한 것은 하나님이 주신 재물에 대한 우리의 소유권을 철저히 거부하는 것이지요. 우리에게 주신 모든 것이 하나님의 것이요, 하나님의 소유임을 인정하는 마음과 생각이 우선 자리 잡아야 합니다. 그러면서 구체적인 삶 속에서 관대하고 희생적인 나눔의 삶을 실천하는 것이 중요하지요. 디모데전서 6장 18절은 '선을 행하고 선한 사업을 많이 하고 나누어 주기를 좋아하며 너그러운 자가 되게 하라'라는 말로 관대하고 희생적인 나눔의 삶이 바로 청지기 정신의 근본이요 핵심임을 강조하지요."

"아 그렇군요……. 교수님, 좀더 구체적으로 설명해 주시면 좋겠습니다."

"그래요. 구체적인 예를 들어 보지요. 전도사님은 교회 역사상 가장 성령으로 충만했던 교회가 어느 교회라고 생각하세요?"

"글쎄요……. 아, 초대 예루살렘교회 아닐까요?"

"맞아요. 그런데 이 예루살렘교회가 역사상 전무후무한 일을 실천한 게 있어요. 그것이 뭔지 아세요?"

"잘 모르겠네요. 뭐지요?"

"그것은 예루살렘교회 성도들이 자기 재물을 조금이라도 자기 것이라 하는 이가 없이 재물을 사도들의 발 앞에 두자 그들이 각 사람의 필요에 따라 나누어 주었다는 사실입니다(행 4:32-35). 즉 재물을 자발적으로 내놓고 희생적으로 나누어 주는 삶을 살았다는 거지요."

"그렇군요……. 가장 성령으로 충만했던 교회인 예루살렘교회 성도들이 그렇게 급진적인 나눔의 삶을 살았군요. 그런데 오늘날 이렇게 살기는 정말 어려울 것 같은데요……."

"맞아요. 우선 우리는 기본 정신에서 초대 예루살렘교회의 성도들과 동일한 태도를 지녀야 합니다. 재물이 내 것이라고 인정하지 않는 정신이죠. 그러한 기초 위에서 재물을 구체적으로 사용하는 방식으로 교회 역사상 많은 믿음의 선배들은 우리 수입의 삼 분의 일은 개인과 가정의 삶을 위해 즉 생활비로, 다른 삼 분의 일은 교회와 믿음의 형제 자매들을 위해, 마지막 삼 분의 일은 세상과 이웃을 위해 사용할 것을 권면해 왔지요."

"그렇군요……. 제가 보기에 오늘날 그런 방식으로 삶을 영위하는 그리스도인들을 찾기란 거의 불가능할 것 같은데요."

"물론 그런 분들을 발견하기가 쉽지는 않겠지만, 아주 없는 것도 아니에요. 더 많은 분들이 그런 방식으로 삶을 살아간다면 기독교가 자본주의적인 종교니, 그리스도인들이 돈을 좋아하느니 하는 비판이 애당초 제기될 수 없는 것이지요."

"앞으로 저도 그런 방식으로 살고 싶다는 생각이 드네요……. 그런데 한편 그리스도인 개인과 교회가 이런 방식의 삶을 추구하더라도 어떤 사회의 경제 구조 자체가 심각하게 타락했다면 그 영향력이 축소될 수밖에 없지 않을까요?"

사실 이 질문은 오늘날 신학계에서 구조적인 죄의 문제를 어떻게 다룰 것인가 하는 첨예한 논쟁과 연결되어 있었다.

"좋은 질문입니다. 구조적인 죄악을 어떻게 다룰지에 대해서는 기독교권 내에 크게 두 관점이 공존합니다. 하나는 개인적인 죄악을 다루고 개인의 회심과 실천을 강조하는 관점이지요. 이 관점에 따르면 개인적인 회심과 실천이 결과적으로는 사회 구조의 변화를 초래하게 된다는 것이지요. 일면 일리가 있지만 만족스러운 관점은 아니에요."

"그럼 두 번째 관점은 뭐지요?"

"두 번째 관점은 개인의 회심과 변화를 이끌어 내는 일을 포기하지 않으면서도, 구조의 문제를 직접 다루어서 구조악을 제거하려고 노력해야 된다는 관점입니다. 저는 그리스도인과 교회가 사회 구조적인 죄악에 무관심해서는 안 된다고 보기에 이 관점을 지지합니다. 그럼에도 이 두 번째 관점을 지나치게 강조할 경우 기독교와 교회를 사회운동 단체로 오해하게 할 수 있는 심각한 문제가 나타날 수 있어요. 따라서 우리 그리스도인들은 두 관점을 통합해서 개인적인 회심과 변화를 강조하고 추구하면서도 구조적인 죄악의 문제를 해결하려고 노력해야 합니다."

"교수님, 바로 그런 통합적인 관점이 1974년에 작성된 로잔언약의 기본 정신 아닌가요?"

"맞아요. 그것을 어떻게 아셨지요?"

"예, 지난번 선교학 수업을 수강했는데, 그때 인상깊게 배운 적이 있습니다.

"그랬군요."

"교수님, 이제 마지막 질문을 드리려고 합니다."

"그래요, 어떤 질문이지요?"

"사회주의와 공산주의에 대하여 그리스도인들은 어떤 태도를 취해야 할까요?"

공산주의와 사회주의에 대한 기독교점 관점

"사실 좀 전에는 자본주의에 대한 기독교적인 관점을 설명을 드렸는데. 사회주의와 공산주의에 대한 기독교적 관점도 중요하지요."

"우선 기억할 것은, 공산주의는 무신론적이고 유물론적인 세계관이기에 기독교의 유신론적인 세계관과는 완전 배치된다는 겁니다. 그리고 공산주의가 폭력적인 혁명을 정당화하는 점 역시 인간을 향한 인간의 폭력을 정죄하는 성경의 정신과 맞지 않지요. 그리고 일반적으로 공산주의 체제와 사회는 종교와 예배의 자유를 허락하지 않지요. 그런 의미에서도 공산주의는 우리 그리스도인들에게는 반대할 수밖에 없는 잘못된 세계관이지요."

"그럼 사회주의는 어떤가요?"

"사회주의라는 것이 근원으로 들어가면 공산주의 사상과 일맥상통하지만, 공산주의에 비해 폭력적이지 않고, 사회주의 체제를 받아들이는 많은 국가들이 어느 정도 종교의 자유를 허락한다는 측면에서는 공산주의와 차별화될 수 있습니다. 그리고 사회주의가 부의 정의로운 분배와 나눔을 강조하는 측면은 성경과 부분적으로 일치한다고 봅니다."

"그럼에도 사회주의와 기독교가 함께 갈 수 없는 측면도 있지 않나요?"

"맞아요. 그것은 사회주의가 추구하는 나눔과 분배의 방식이 '자발적'이기보다는 '강제적'이라는 점에 있지요. 특별히 사회주의를 추구하는 사람들이 어떤 국가의 정권을 잡았을 경우 국민들의 의사에 반하는 강제적 분배 정책을 시행하는 과정에서 사회 혼란을 야기할 수 있거든요."

"그런 의미에서 기독교는 자본주의와 사회주의 양자와 공유하는 측면이 없지 않지만, 근원적으로는 양쪽 체제를 초월한다고 보면 좋겠군요."

"맞아요. 그래서 20세기 초반 유럽에서는 기독교사회주의 운동이 인기를 끌었어요. 기독교사회주의란 자본주의 체제의 이기적, 탐욕적 성격을 기독교 정신으로 통제하면서, 사회주의가 추구하는 정의로운 분배를 강조했거든요. 물론 정치 현장에서 그런 이상이 얼마나 실현되었는가는 또 다른 차원의 문제이긴 하지만요."

"교수님, 이제야 많은 부분에서 정리가 되었습니다. 제가 섬기는 목장의 그 형제님에게도 이런 내용들을 잘 소통해서 기독교에 대한 근거 없는 오해에서 벗어날 수 있도록 하겠습니다. 교수님, 귀한 말씀 고맙습니다."

"천만에요. 저도 전도사님과 오랜만에 귀한 대화 나누어서 기쁩니다."

이 전도사님은 얼굴에 미소를 머금고 자리를 떴다. 이 전도사님의 뒷모습을 바라보면서 조용히 그를 위해 기도했다.

중요 용어 다시 보기

자본주의
capitalism

개인의 재산 소유권을 절대적인 기본권으로 인정하는 경제 체제. 일반적으로 자유주의 시장경제 체제와 연결되어 있다. 재물에 대한 인간의 탐욕과 불의함에 의해 쉽게 왜곡되어 천민자본주의나 맘모니즘으로 타락할 수 있다.

청지기 정신
stewardship

재물에 대한 소유권자는 오직 하나님뿐이시며, 모든 인간은 하나님이 주신 재물에 대한 사용권과 관리권만을 가진다는 성경적 정신. 재물을 하나님의 뜻에 따라 사용하고 관리해야 한다는 거룩한 책임도 청지기 정신과 관련된다.

사회주의
socialism

사회 대중이 재화와 생산 수단을 공유하고, 경제 활동의 결과를 정의롭고 평등하게 배분하는 것을 지향하는 경제 체제. 분배 과정에서 강제적인 공권력이 작용함으로써 개인의 자유와 재산 소유권을 억압하는 방향으로 타락할 수 있다.

로잔언약
Lausanne Covenant

1974년 스위스 로잔에서 열린 세계복음화 국제대회에서 채택된 복음주의 운동의 신학적 · 선교적 고백문서. 개인 구원, 전도와 사회 참여 양자를 통합적으로 수용한 현대 복음주의 운동의 이정표.

토의 문제

01- 기독교가 자본주의에 친화적인 종교 또는 돈을 밝히는 종교라고 오해를 받게 되는 이유들은 무엇인가?

02- 돈과 재물에 대한 성경적 관점은 무엇인가?

03- 그리스도인의 개인적인 삶과 교회 생활에서 청지기 정신을 실천할 수 있는 구체적인 방법들을 나누어 보라.

04- 기독교가 자본주의와 사회주의 양자와 공유하는 바가 무엇이며, 이 양자를 초월하는 바가 무엇인지 나누어 보라.

#5

기독교와 다른 종교는 평등하다?

17- 모든 종교는 동등한 것 아닌가요?

18- 복음을 듣지 못한 사람은 어떻게 구원되죠?

19- 불교 신자에게 복음을 전할 방법은 없나요?

20- 이슬람교도들에게 어떻게 복음을 전할까요?

17

모든 종교는 동등한 것 아닌가요?

내가 2000년부터 5년 동안 살았던 테네시 주 브리스톨 지역은 미국 동부의 애팔래치아 산맥 자락에 위치해 있다. 우리나라로 보면 경상북도 태백산 자락에 위치한 마을쯤 될까. 따라서 지방색이 아주 강하다. 심지어 어떤 사람들은 인종 차별적이고 배타적인 태도를 보이기까지 한다. 그런데 한 가지 놀라운 사실은, 이 지역에 위치한 킹 칼리지 캠퍼스는 지구촌 방방곡곡에서 몰려온 학생들로 가득하다는 것이다. 이들이 자기 나라의 문화와 종교를 가지고 들어오기 때문에 킹 캠퍼스는 문화적 · 종교적으로 다원주의적인 색채를 강하게 풍긴다.

하루는 점심 식사 후 소화도 시킬 겸 캠퍼스를 산책하고 있는데 경영학과의 레이 스미스Ray Smith 교수가 손짓을 하며 다가왔다.

어느 아버지의 고백

"정 교수님, 안녕하십니까? 잘 지내시죠?"

"예, 잘 지냅니다. 교수님은 어떠세요?"

"저도 잘 지내고 있습니다. 안 그래도 정 교수님을 좀 뵙고, 몇 가지 질문도 하고 대화도 나누고 싶었는데 마침 잘되었습니다. 시간이 괜찮으시면 제 연구실로 가서 차 한 잔 마실 수 있을까요?"

스미스 교수는 나와 같은 해에 이 학교에 임용된 동료 교수로서 신앙심도 돈독하여 본인이 다니는 지역 교회를 신실하게 섬기고 있었다. 스미스 교수의 질문도 궁금하고 교제도 나눌 수 있을 것 같아 흔쾌히 그의 청을 받아들였다.

"좋죠! 제게 무슨 질문을 하시려고요?"

"자, 일단 제 연구실로 가십시다. 자세한 말씀은 가서 드리겠습니다."

스미스 교수의 연구실에 도착하자 그는 내게 자리를 권한 뒤 향긋한 커피를 준비했다.

"정 교수님! 저는 최근 킹 칼리지에서 이상한 점을 발견했습니다."

"무슨 이상한 점을……?"

"정 교수님도 아시다시피 킹 칼리지는 전통적으로 복음적인 개혁주의 성향의 학교로서 예수 그리스도의 절대성과 기독교의 유일성을 천명하고 있지 않습니까? 그런데 이런 학교에 인도에서 온 힌두교도와 시크교도 학생들, 이란에서 온 이슬람교도 학생들, 태국에서 온 불교도 학생들, 중국에서 온 유교도 학생들, 신도神道, Shintoism를 믿는 일본 학생들 등 다양한 종교 배경을 가진 학생들로 들끓고 있으니 이상하지 않습니까?"

스미스 교수의 말은 일리가 있었다. 내가 생각하기에도 킹 칼리지는 문화적 · 종교적 다원성을 상당히 존중하고 있었다.

"그러네요, 스미스 교수님. 하지만 이러한 종교 다원적 현상은 킹 칼리지만의 일은 아니거든요. 사실 미국은 기독교 국가라고 오랫동안 자타가 공인해 오지 않았습니까? 그런데 이제는 더 이상 기독교 국가라고 부를 수 없을 만큼 다양한 종교와 문화가 모여 있습니다. 이런 종교 다원적 현상은 미국뿐만 아니라 전 세계적인 현상입니다. 미국의 경우, 이미 불교도가 100만을 넘어섰고, 4~5백만의 이슬람교도, 3~4백만의 유대교도, 또 3~4백만의 힌두교도가 있습니다. 게다가 기독교권의 사이비 종파로 구분되는 몰몬교도가 4백만을 넘어섰습니다. 결국 세계의 거의 모든 종교들이 미국에 들어와서 세력을 확장하고 있으며, 어떤 의미에서는 시장경제 원리에 기초해 상호 경쟁을 벌이고 있다고 해도 과언이 아닐 정도가 되었죠."

"시장경제 원리, 상호 경쟁이라고요? 그렇다면 정 교수님도 이런 사실을 인식하고 계셨군요?"

"그럼요!"

"그럼 제 고민 좀 털어놓겠습니다. 실은 제 아들 스티브가 하버드 대학에 다니고 있는데, 입학한 지 몇 달 안 돼서 제게 전화를 했어요. 그러고는 다짜고짜 하는 말이, 자기는 더 이상 예수 그리스도의 절대성과 기독교의 유일성을 받아들일 수 없을 것 같대요. 그녀석, 신앙심이 얼마나 돈독했는데요. 너무 당황해서 어이가 없더라고요."

"그래요? 정말 충격적인 고백이네요. 스티브가 한 이야기를 좀더 자세히 말씀해 주시겠어요?"

"스티브 말인즉, 종교 다원적인 현상이 미국 내에 크게 확산되어 있대요. 이로써 모든 종교가 상호 동등하며 예외 없이 궁극적인 진리와 구원에 이르는 길을 제시한다고 보는 종교 다원주의자들이 세를 얻어 가고 있다는 거예요. 특히 이러한 입장은 미국 지성의 본산이라 할 수 있는 명문 대학들을 중심으로 설파說破되고 있고 많은 사람들에게 큰 영향을 미치고 있다는 거죠. 종교 다원주의자들은 자기 종교만이 최고요 절대적인 진리라고 주장하는 소아병적인 오만과 착각이 종교 간에 분쟁을 낳았으며 인류 역사에 말할 수 없이 큰 비극을 초래했다고 주장한대요. 2001년 발생한 9·11 테러도 그러한 비극의 하나고요. 그래서 이제 인류는 좀더 성숙한 자세로 다른 종교를 동등한 파트너로 인식하는 관점의 대전환이 필요하다는 거예요."

"아니, 그 이야기를 어디서 어떻게 들었답니까?"

"신입생 교양 과목 중에 종교학개론이 있는데 이 과목을 가르치는 종교학 교수가 그랬다는군요. 아니, 정 교수님도 하버드를 나온 것으로 아는데 하버드가 다 이 모양입니까?"

"다 그렇지는 않습니다. 하버드의 교수들과 학생들 중에도 복음적인 그리스도인이 많거든요. 그러나 몇몇 교수님은 종교 다원주의를 고집하십니다. 스티브가 그런 교수님 가운데 한 분을 만났나 봅니다."

스미스 교수는 조금 이해가 된 듯이 고개를 끄덕였다.

"정 교수님. 아들 스티브의 말에 제가 적절한 답변을 해주지 못해 너무 가슴 아픕니다. 우리 복음적인 그리스도인들은 이러한 종교 다원주의를 무비판적으로 수용할 수 없는 것 아닙니까?"

"당연하죠. 기독교의 정체성은 예수 그리스도가 죄 가운데 빠져 있는 인류를 구원하실 수 있는 유일무이한 구세주라는 신앙 고백에 기초해 있는걸요."

종교 다원주의에 대한 복음주의적 입장

"그렇다면 우리는 종교 다원주의에 대해 어떤 입장을 취해야 합니까?"

스미스 교수의 질문은 이 시대를 살아가는 그리스도인들에게 너무도 중요하고, 시급히 답변되어야 할 문제였다. 나도 하버드에서 3년 반을 공부하면서 이 질문을 놓고 고민하며 씨름했다. 때로 정체성에 혼란이 오기도 했고 신앙이 흔들리기도 했다. 스미스 교수의 아들 스티브도 같은 과정을 겪을 것을 생각하니 마음이 아팠다. 나는 커피를 한 모금 마시며 생각을 정리했다.

"스미스 교수님, 이 질문은 정말 중요합니다. 복음주의자들을 당혹하게 만드는 질문이지요. 이 질문이 왜 중요한가 하면, 이 질문에 적절한 답이 주어져야 예수 그리스도의 절대성과 기독교 신앙의 유일성이 설득력 있게 변호될 수 있기 때문이죠. 그리고 왜 당혹스런 질문인가 하면, 비록 죄인이긴 하지만 하나님의 형상으로 지음 받은 다른 종교인들을 지나치게 경멸하거나 폄하해서는 안 되기 때문이죠. 게다가 기독교인들이 포용성 없는 배타적인 사람들이 아니라 타종교인들에 대해 진실한 사랑과 관심이 있다는 사실을 확인시키면서 기독교의 유일성을 변호해야 하기 때문에 답을 내리기가 더욱 어렵죠."

"그렇습니다, 정 교수님. 예수님의 절대성이나 기독교의 유일성을 변호하는 것은 상대적으로 쉬워 보입니다. 하지만 다른 종교와 종교인들의 입장을 진지하게 이해하려는 노력도 없이 무조건 우리의 절대성과 유일성만 주장하다 보면 오히려 역효과가 날 수 있을 것 같거든요. 우리가 기독교의 절대성만을 주장할 때, 타종교인들은 기독교를 대단히 배타적이고 비타협적이고 비관용적인 종교로 이해하게 되겠지요. 더 나아가 사랑을 이야기하는 기독교지만 그리스도인들에겐 정말 사랑이 없다고 치부해 버릴 수도 있겠고요. 또 어떤 사람은 그리스도인들의 신앙이 매우 유치한 수준에 머물러 있다고 판단할 수도 있겠지요."

아들 스티브에 대한 사랑 때문이었을까? 스미스 교수는 이 문제를 놓고 상당히 많은 시간 고민한 듯했다.

스미스 교수와의 대화가 무르익어 갈 즈음, 전화벨 소리가 울렸다. 스미스 교수의 아들 스티브였다. 두 사람은 한 5분 정도 진지하게 대화를 나누었다. 무슨 내용인지는 잘 모르겠지만 심각한 이야기를 하는 듯했다. 전화 통화를 마친 스미스 교수는 의자에 앉으며 깊은 한숨을 내쉬었다. 그의 얼굴빛이 조금 전과는 사뭇 달랐다. 나는 스미스 교수가 스티브와 무슨 이야기를 나누었는지 몹시 궁금했다.

"스미스 교수님! 얼굴빛이 안 좋으신데, 아드님에게 무슨 문제라도……?"

"스티브가 더 이상 교회에 나가지 않겠다고 하는군요. 스티브를 하버드에 보내지 말고 이곳에 붙들어 놓았어야 했는데……. 하버드의 학문적 명성만 믿었지 그 학교의 영적인 풍토에 대해서는 전혀 몰랐고 관심도 없었으니……. 아, 정말 속상하네요. 어쩌면 좋죠?"

"스미스 교수님. 혹시 스티브가 집에 다녀갈 계획은 없는지요? 혹시 집에 들르게 되면 제가 스티브를 꼭 한번 만나 보고 싶은데요."

"정 교수님, 실은 다음 주에 스티브 누나의 결혼식이 있습니다. 아마 다음 주말에 집에 들를 겁니다. 정 교수님이 스티브를 만나 설득해 주신다면 저야 그 은혜 잊을 수 없죠."

기독교만이 유일한 진리다?

그리고 일주일이 흘렀다. 누나의 결혼식을 마친 스티

브는 아버지 스미스 교수와 함께 만나기로 한 약속 장소에 나와 있었다.

"스티브, 인사해라. 우리 학교에서 신학을 가르치고 계신 정성욱 교수님이시다. 너와 꼭 한번 만나고 싶다고 하셔서 오늘 이렇게 모시게 되었다."

"안녕하십니까? 만나 뵙게 되어 기쁩니다."

"나도 마찬가지네. 귀한 시간 내줘서 고맙네."

스티브는 키가 훤칠하고 얼굴도 잘생긴 데다가 안경을 써서 그런지 지성미까지 넘쳐 보였다. 학교생활은 재미있는지, 여가 시간에는 뭘 하는지, 여자 친구는 있는지 이것저것 이야기 나누다가 신앙생활에 대해 물었다.

"내가 듣기로는 중고등부 시절에는 신앙심이 돈독했고 학생회장으로도 활동했다고 하던데, 왜 지금은 신앙생활을 포기하고 교회 출석마저 하지 않으려고 결심했는지 궁금하네."

"교수님, 실은 저도 답답합니다. 대학에 가서 종교학개론을 수강했습니다. 처음에는 아주 큰 기대를 품고 내 신앙에 많은 도움이 되리라 믿었습니다. 그런데 시간이 가면서 기독교의 절대성과 예수 그리스도의 유일성에 대한 믿음이 점점 약해져 감을 느꼈습니다."

"왜 그렇게 되었는지 좀 자세히 설명해 줄 수 있겠나?"

"종교학개론 교수님 말씀이, 모든 종교는 나름대로 진리를 가지고 있대요. 이슬람은 이슬람대로, 힌두교는 힌두교대로, 불교는 불교대로 어떤 궁극적인 실재, 즉 절대자에게 나아가는 동등한 길이 있다고 하시더군요. 종교에 귀의한 신실한 신도들의 종교적 진지함은 어느 종교에서나 쉽게 찾아볼 수 있으며, 모든 종교에는 대체로 비슷한 도덕적 · 윤리적 가르침이 있다고도 하셨어요. 불교에서도 살생을 금하고, 힌두교에서도 살인을 금하고, 이슬람교도 살인을 큰 죄악으로 보며 기독교도 마찬가지니, 종교들이 겉으로는 서로 달라 보여도 그 중심으로 들어가 보면 사실상 궁극적 실재와 구원에 이르는 동등한 길을 제시하고 있다는 말씀이죠."

"그럼 자네는 그 종교학개론 교수님 설명에 설득되었군! 그렇지?"

"예, 맞습니다. 그 교수님 말씀에 설득력이 있었습니다. 그분은 이렇게도 말씀하셨어요. '세계 역사의 큰 비극들 중 많은 부분이 종교 간의 갈등과 분쟁에서 나왔다. 만일 각 종교가 자신들뿐 아니라 다른 종교들도 궁극적인 실재에 이르는 동등한 동반자라는 사실을 일찍이 깨달았다면 종교 간의 분쟁으로 인한 비극은 미리 방지할 수 있었을 것이다. 중세의 십자군전쟁, 지난 9·11 테러 등이 그 예다. 21세기 인류를 위한 복음은 다름 아닌 종교 다원주의, 그러니까 모든 종교가 궁극적 실재와 구원에 이르는 동등한 길이라는 말이다.'"

스티브의 이야기를 들으면서 이제 그에게 분명한 답변을 제시해주고 그를 다시 그리스도께 인도해야겠다는 생각이 강하게 들었다. 그래서 신중히 말을 이어 갔다.

"스티브! 어떻게 들으면 자네 학교의 종교학개론 교수님 말씀이 옳은 것 같지만 사실을 따져 보면 그렇지 않음을 발견할 걸세. 예를 들어, 모든 종교가 동등하게 구원과 궁극적 실재에 이르는 길이라는 주장은 겉으로 보이는 종교 간의 유사성에 초점을 맞춘 입장이네. 하지만 각 종교들의 가르침과 진리 주장들을 비교해 보면 종교 간의 차이가 서로를 조화시킬 수 없을 만큼 크다는 것을 알 수 있지."

스티브는 내 말을 심각하고도 진지한 자세로 듣고 있었다. 나는 이 어린 영혼이 다시금 주님께로 돌아오게 해달라고 마음으로 기도하며 다음 말을 건넸다.

"예를 들어 보겠네. 우리가 믿는 성경에는 예수님이 33세 정도의 젊은 나이에 신성모독과 반역의 죄목으로 십자가에 달려 처형당하시고, 죽으신 지 사흘 만에 살아나셔서 영원한 부활 생명을 우리에게 주시고 40일을 더 지내다가 승천하신 것으로 되어 있지? 그러나 이슬람 경전인 코란은, 예수님을 알라의 선지자 중 한 사람으로 인정하면서 그는 십자가에 달려 죽지 않았으며, 산 채로 승천되었고, 장차 재림하여 적그리스도를 물리친 후 40년을 더 살다가 죽게 될 것으로 묘사하고 있네. 물론 부활에 대한 기록도 없고."

스티브의 눈이 더욱 반짝이기 시작했다. 그는 무언가 의심스럽다는 표정을 지으며 내게 다음 질문을 했다.

"그렇다면 교수님 말씀은, 결국 성경이 묘사하는 예수님과 코란이 묘사하는 예수님이 서로 다르다는 이야기네요. 즉, 예수님에 대한 이해가 서로 전혀 다르다는 말씀이군요."

"그렇다네. 기독교와 이슬람의 예수님에 대한 견해가 이렇게 모순된다면 어떻게 기독교와 이슬람이 동등하게 진리와 구원에 이르는 길이라고 말할 수 있겠는가? 예수님의 삶과 죽음과 부활의 사실은 기독교 정체성의 중핵을 결정하는 부분이네. 만일 코란의 가르침이 옳다면 기독교는 더 이상 진리일 수 없고, 이슬람과 동등하냐 동등하지 않냐를 논할 자격조차 없는 기만적인 것에 불과하지. 예수님은 하나님의 아들도, 부활하신 세상의 구세주도, 유일한 길과 진리와 생명도 아니게 되는 거지."

이제야 어느 정도 말이 먹히는 듯했다.

"그렇다면 교수님 말씀은 둘 중 하나는 진리고 다른 하나는 비진리지, 둘 다 동등하게 진리와 구원에 이르는 길일 수는 없다는 것이군요. 이슬람의 예수관이 기독교의 예수관과 정말 그렇게 상호 모순되는 것이라면 제가 보아도 두 종교가 모두 동등한 진리일 수는 없을 것 같습니다. 그런데 왜 종교 다원주의자들은 여러 종교들의 동등성을 강조하는 거죠?"

"내가 보기에는 종교 다원주의자들이 의식하고 있든 않든 그들은 새로운 종교를 만들고 있는 것이네. 모든 종교가 동등하게 진리와 구원에 이른다고 믿는 종교 말일세. 자신들은 마치 중립적인 입장에서 각각의 종교를 대하고 종교 간의 화해와 조화를 논하고 있는 것 같지만 사실은 그들의 근거 없는 믿음과 확신을 다른 종교들에게 강요하고 있는 것이나 다름없다네. 종교 다원주의 자체가 사실상 하나의 종교고 이데올로기라는 인상을 나는 지울 수 없네."

"그래도 그들이 종교 간의 분쟁을 방지하고 종교인 사이의 화해를 이루려는 의도는 값진 것 아닐까요?"

스티브가 되물었다.

"그럴 수도 있겠지. 하지만 스티브, 종교 다원주의자들은 개개의 종교가 이해하는 자기 종교의 정체성을 포기하고 종교 다원주의자들이 만들어 낸 제3의 입장을 수용하라고 강요한다는 점에서 또 다른 제국주의적 실수를 범하고 있네. 요컨대 그들이 이해하는 궁극적 실재는 기독교가 이해하는 예수 그리스도의 아버지 하나님과는 여전히 다른 분이라네. 기독교의 하나님은 그의 아들 예수 그리스도와 분리되어서는 이해할 수 없는 분이거든. 또한 삼위일체 가운데 제3위이신 성령 하나님과도 분리되어서 이해할 수 없는 분이고. 따라서 기독교인으로서 종교 다원주의를 받아들인다는 것은 사실상 기독교인으로서의 정체성을 포기하고 종교 다원주의라는 새로운 종교의 신봉자가 되겠다는 말과 다름없네. 그런 의미에서 우리 그리스도인은 종교 다원주의를 거부할 수밖에 없다네."

마음이 조금씩 움직이는지 스티브는 계속 고개를 끄덕이며 내 말에 동의를 표했다.

타종교와 기독교의 구별점

"그렇다면 정 교수님. 다른 종교와 기독교가 구별되는 특징이 있을 것 같은데요? 그 부분을 좀 알려 주세요."

"그렇게 하지."

옆에서 곰곰이 듣고 있던 스미스 교수도 아들이 조금씩 마음을 열어 가는 모습이 보기 좋은지 흐뭇한 미소를 보냈다.

"기독교와 다른 종교들 사이에 구별되는 특징이 많이 있지만, 가장 대표적인 것 몇 가지만 소개해 보겠네. 첫째, 기독교의 신론은 삼위일체론 아닌가? 이 삼위일체론적 신관은 유대교나 이슬람교의 단일신론적 신관과 뚜렷이 구별되네."

"아, 그렇군요. 유대교나 이슬람교는 하나님의 아들인 예수님과 성령 하나님을 인정하지 않으니까요."

"그렇다네. 그리고 둘째는 기독교의 인간관이라네. 거의 모든 종교는 인간에 대하여 긍정적인 관점을 가지고 있지. 유대교도 인간이 자유의지로 선을 행할 수 있다고 보고, 이슬람교도 인간의 선행 가능성을 인정하네. 한발 더 나아가 불교는 모든 인간에게 불성佛性이 있음을 강조하면서 그 불성을 실현함으로써 열반에 이른다고 가르치지. 하지만 기독교의 전통적 인간관은 원죄론에 기초한 인간관으로, 자연적인 인간은 결코 하나님이 기뻐하시는 도덕적인 선을 행할 수 없고 거룩함을 이룰 수 없다고 하네."

"그렇군요. 인간관에도 그렇게 큰 차이가 있군요. 저는 중고등부 시절에 그런 교리적 가르침을 자세히 교육받지 못한 것 같아요."

스티브의 말에 중요한 의미가 담겨 있었다. 중고등부 때 스티브가 좀더 체계적인 신앙 교육을 받았더라면 대학에 들어가서 이런 혼돈을 덜 겪었을 것 아니던가!

"마지막 셋째 차이점은 구원관에 있다네. 구원관은 앞에서 말한 인간관과 연결되어 있지. 예를 들어, 불교의 구원관은 철저히 자력 구원이네. 불교에서는 인간 모두에게 구원의 가능성으로 이미 불성이 주어졌기 때문에 인간이 자신의 힘으로 불성을 실현함으로써 진리를 발견하고 구원과 해탈에 이를 수 있다고 가르치지. 이슬람이나 힌두교도 마찬가지로 인간이 자신의 힘으로 구원받을 수 있다고 가르치네.

하지만 우리 기독교는 절대로 인간의 자력 구원을 가르치지 않는다네. 기독교의 구원은 인간의 능력으로 이룰 수 없는, 위로부터 선물로 주어지는 것이라네. 오직 예수 그리스도의 십자가의 은혜를 믿음으로만 구원을 받게 되지. 구원이 선물로 주어진 것이기 때문에 인간이 해야 하는 유일한 일은 감사함으로, 믿음으로 그 구원의 선물을 받아들이고 주님을 영접하는 것이라네. 그리고 처음 구원이 주어진 후 그 구원이 완성되어 가는 과정에서도 성령 하나님이 항상 간섭하시고 인도하시기 때문에 기독교의 구원관은 '오직 은혜'에 기초한 것이라네."

"그렇군요. 이제 좀 정리가 되는 것 같습니다."

"스티브! 이제 다시 교회로 돌아올 수 있겠는가? 자네 아버지가 얼마나 안타까워하시는데……. 자네가 예전처럼 다시 주님께 돌아와 행복한 신앙생활을 하게 되기를 나 또한 간절히 바라네."

"예, 교수님, 저도 그러고 싶습니다. 교수님 말씀 새겨 두겠습니다. 정말 감사합니다."

이런 문제로 고민하는 사람이 어디 스티브뿐이겠는가! 점점 다원화되고 있는 이 사회에서 예수 그리스도의 복음을 더욱 굳건히 지켜 나가기를 간절히 바랄 뿐이다.

중요 용어 다시 보기

종교 다원주의
pluralism

모든 종교는 기본적으로 동일한 것을 가르치며 궁극적인 진리와 구원에 이르는 동등한 길이라는 주장으로, 예수 그리스도와 기독교 신앙의 유일성을 배격한다. 영국 출신의 존 힉John Hick이 대표적인 주창자다.

자력 구원
self-salvation

사람이 스스로의 힘으로 자신이 처한 곤궁과 어려움으로부터 자신을 구원할 수 있다는 구원관. 기독교를 제외한 대부분의 종교는 자력 구원을 가르친다.

오직 은혜

종교개혁의 대원리 중 하나. 라틴어로 '솔라 그라치아sola gratia'라고 한다. 사람은 자신의 능력으로 스스로를 죄와 사망에서 구원할 수 없고 '오직 하나님의 은혜만'으로 구원받을 수 있다는 신학적 원리다.

토의 문제

01- 종교 다원주의가 오늘날 전 세계적으로 그렇게 널리 받아들여지게 된 이유는 무엇인가?

02- 종교 다원주의의 이데올로기적이고 제국주의적 속성은 무엇인가?

03- 종교 다원주의 자체가 또 다른 하나의 종교라는 주장은 무엇을 뜻하는가?

04- 그리스도인들이 다른 종교와 종교인들에 대하여 취해야 할 바른 태도는 무엇인가?

18

복음을 듣지 못한 사람은 어떻게 구원되죠?

내가 킹 칼리지에서 가르친 과목 가운데 '신학개론'이 있는데, 이 시간에는 기독교 신학 전반을 개론적으로 살피면서 학생들이 신학적 사유 능력을 최대한 기를 수 있도록 돕는다. 알리스터 맥그래스 교수가 저술한 《역사 속의 신학》*Christian Theology: An Introduction*을 거의 주교재로 사용하고 있다.

그는 내 모교인 옥스퍼드 대학 신학부의 역사신학 석좌교수를 역임했고 나의 박사학위 지도교수다. 내가 이 책을 선호하는 이유는 책 앞부분에서 기독교 신학의 역사를 간략하게 짚어 주기 때문이다. 이러한 역사신학적 접근을 통해 학생들은 기독교 신학의 방대한 역사에 조금씩 눈떠 가게 된다. 이어서 신학의 서론에 해당하는 계시론, 신학 방법론, 성경론 등을 다룬 다음 신론, 기독론, 교회론, 구원론, 종말론 등의 신학적 주제들을 논의한다. 다행히도 가르치는 나만 아니라 배우는 학생들도 대체로 이 책을 좋아한다.

하루는 구원론을 강의하면서 구원의 방법, 구원의 성격, 구원의 범위 등 구원론에 관계된 주요 주제들을 상세하게 다루고 예수 그리스도만이 구원에 이르는 유일한 길임을 강조하였다. 강의를 마치고 연구실로 돌아오는데 중국에서 유학 온 웡Wong이 다가왔다.

공자나 석가도 구원받았나요?

"교수님, 강의 잘 들었습니다. 그런데 한 가지 의문점이 있습니다. 좀 시간이 걸릴 것 같은데 어떠신지……."

"아, 나는 시간 괜찮네. 오늘은 더 이상 강의가 없거든. 게다가 지금은 근무 시간이 아닌가! 교수가 근무 시간에 학생과 대화하는 건 마땅히 해야 할 일이지. 그러니 허심탄회하게 물어보게나. 아는 데까지 답해 주겠네."

"다름이 아니라, 아까 강의 시간에 교수님은 예수 그리스도만이 구원에 이르는 유일한 길이며, 따라서 예수 그리스도를 믿지 않는 자에게는 구원이 없음을 강조하셨습니다. 그리고 그것을 어떻게 변증할 것인지도 설명하셨습니다."

"그렇지! 그것이 오늘 내 강의의 주제였으니까."

"그런데 교수님의 강의를 들으면서 한 가지 의문이 생겼습니다. 예수 그리스도께서 구원의 유일한 길이라면, 예수님이 오시기 전에 살았던 사람들, 혹은 예수님이 오신 후에 살았더라도 예수 그리스도의 복음을 한 번도 들어 보지 못하고 죽은 사람들의 구원은 어떻게 되는가 하는 것입니다."

"참 중요한 질문이네. 수업 시간에 이 질문을 해주었더라면 더 좋았을 텐데, 아쉽구먼. 그러나 지금이라도 자네가 질문을 했으니 함께 생각해 보기로 하세. 자네 질문은 이런 거 아닌가? 예수님이 오시기 전에 살았던 공자나 석가모니와 같은 종교 지도자들, 또는 예수님 오신 후에 살았으나 복음을 들을 기회가 없었던 송나라나 원나라 사람들의 구원은 어떻게 되는 것인가? 그렇지 않나?"

"예, 맞습니다. 그런 사람들은 너무 억울할 것 아닙니까? 도덕적으로 볼 때 모범적인 삶을 산 석가모니나 공자가 예수님의 복음을 듣지 못했다는 이유만으로 지옥에 간다면, 그들을 지옥에 보내시는 하나님의 처사를 공의롭다고 할 수 있는지요? 만일 그들에게 예수님의 복음을 들을 기회가 주어졌는데 복음을 듣고도 거부했다면 그들이 구원받지 못하는 것은 정당하겠지요. 하지만 복음을 들어 볼 기회 자체가 없었고 따라서 선택의 기회가 박탈된 그들을 무작정 지옥으로 보내는 분이 정말로 공의로우시고 공평하신 하나님일까요?"

웡은 상당히 격앙된 목소리로 호소하듯 말을 이었다.

"제가 이 말씀을 드리는 것은 개인적인 이유도 있습니다."

"그래? 무슨 사연인가?"

"중국 본토에 살았던 저의 할아버지, 할머니 그리고 증조부, 증조모는 중국에서도 시골에 살았기 때문에 기독교나 복음을 접할 기회가 전혀 없었습니다. 그런 분들이 구원받지 못하고 지옥에 갔다고 생각하면 하나님의 공의로우심에 대해 회의가 많이 듭니다. 교수님이 제게 속 시원한 대답을 좀 해주셨으면 하는데요."

웡의 질문은 신학적으로나 변증학적으로 결코 쉬운 문제가 아니었다. 종교 다원주의의 팽창과 더불어 요즘 복음주의권에서도 이 문제에 대한 논쟁이 뜨거워질 대로 뜨거워져 있었다.

"내가 자네에게 속 시원한 답을 해주기는 어려울 것 같은데, 어쩌지? 왜냐하면 나와 같은 복음주의 신학자들은 성경이 말하는 데까지만 말하고 성경이 침묵하는 것에 대해서는 말하지 않는 것을 신학 작업의 근본 원칙으로 삼고 있거든. 그런데 방금 자네가 제기한 질문에 대해서는 성경 자체도 상세한 대답을 보류한 채 침묵하고 있단 말일세."

웡은 실망한 듯 한숨을 내쉬었다.

구원에 대한 성경 속 힌트

"교수님, 그렇더라도 성경에서 어느 정도 힌트나 실마리는 주고 있지 않나요?"

"글쎄, 힌트와 실마리라……. 사실 성경의 몇 구절이 이 문제를 언급하고는 있지."

나는 성경을 뒤적이며 말을 이었다.

"어떤 구절인가요?"

"일단 사도행전 10장 34절과 35절 말씀에서 베드로가 이방인인 고넬료를 만나서 한 이야기가 의미심장하지. 베드로는 이렇게 말하고 있네. '내가 참으로 하나님은 사람의 외모를 보지 아니하시고 각 나라 중 하나님을 경외하며 의를 행하는 사람은 다 받으시는 줄 깨달았도다.' 베드로는 고넬료가 이방인이기 때문에 하나님의 구원이 그에게는 허락되지 않을 것으로 생각했다네. 그런데 하나님은 베드로에게 환상까지 보여 주시면서 이방인인 고넬료에게 복음을 전하라고 하셨어. 그런 맥락에서 베드로는 어떤 나라 사람이든지 하나님을 경외하며 의를 행하는 사람은 하나님이 받으신다고 말했지. 이로써 우리는 예수님의 복음을 직접 들을 기회가 없었던 사람이라도 하나님을 경외하며 의를 행한 사람은 하나님이 구하실지도 모른다고 추측해 볼 수 있지 않을까?"

"그렇지만 교수님! 여기서 말하는 '하나님을 경외하며 의를 행한다'는 것이 무슨 의미인지는 성경이 자세히 말씀하고 있지 않은 것 같은데요? 제 생각에는 이것만으로는 충분한 답변이 되지 않는 것 같습니다."

"사실 나도 그렇게 생각하네. 이 구절에 근거하여 추측이야 해볼 수 있겠지만 교리적으로 '맞다'고 할 수는 없는 것 같네. 실은 힌트가 될 만한 구절이 한 구절 더 있긴 하네. 사도행전 14장 16절과 17절을 보면, 바울이 루스드라에서 설교하면서 이렇게 말했지. '하나님이 지나간 세대에는 모든 민족으로 자기들의 길들을 가게 방임하셨으나 그러나 자기를 증언하지 아니하신 것이 아니니 곧 여러분에게 하늘로부터 비를 내리시며 결실기를 주시는 선한 일을 하사 음식과 기쁨으로 여러분의 마음에 만족하게 하셨느니라.'"

"교수님, 바울의 말은 결국 예수님 오시기 전에도 하나님이 자신을 증거하셨다는 얘기군요. 그렇다면 이 구절에 근거해 볼 때, 그런 하나님의 증거를 본 뒤 하나님을 마음에 모시고 자신의 죄악을 깨닫고 회개하며 의를 행한 사람은 하나님이 구원을 얻게 하시지 않을까 추측할 수도 있다는 말씀이네요."

"그렇다네. 물론 우리는 신학적으로나 교리적으로 어떠한 확언도 할 수 없네. 왜냐하면 성경이 그렇게 하지 않기 때문이지. 그러나 만일 자네 말처럼 하나님이 공의로우시고 공평하시다면 복음을 들을 기회가 없었던 사람들이나 예수님을 선택할 기회가 없었던 모든 사람을 싸잡아서 지옥에 보내셨으리라고 믿기는 어렵지 않을까? 하지만 반론도 만만치는 않다네."

"어떤 반론이 있지요?"

"좀더 전통적인 입장을 취하는 신학자들은 하나님이 예수님을 보내시기 전에도 자신을 계시하고 증거하셨다는 것을 인정하지만 그 계시가 구원에 이르게 할 정도로 충분한 계시는 아니었다고 한다네. 더 나아가 인간은 원죄로 인하여 벌써 타락한 상태이기 때문에 그들에게 구원의 복음을 들을 기회가 주어지든 주어지지 않든 모든 사람은 이미 영원히 멸망할 수밖에 없으므로 그들을 심판하시는 하나님은 어떤 불의함도 없다고 주장한다네. 사실 이 주장도 상당한 성경적 근거가 있기 때문에 양쪽의 주장이 팽팽한 긴장을 이루고 있지."

"그렇다면 교수님은 어느 입장이신가요?"

웡은 집요했다. 나는 잠시 숨을 고르며 말을 이어 갔다.

"사실 나는 이 문제에 대하여 '경건한 불가지주의' 입장이라네. 성경이 분명한 입장을 취하지 않기 때문에 예수님의 복음을 한 번도 들을 기회가 없이 죽은 사람들의 구원에 대해 나는 모른다고 말하는 것이 더 바르다고 생각하네. 하지만 세 가지 분명한 것이 있지."

"그건 뭔가요?"

"첫째, 하나님은 여전히 의로우신 분이기 때문에 그들을 불의하게 다루지는 않으시리라는 것, 둘째, 예수님이 오셔서 죽으시고 부활하신 이후의 시대를 살아가는 우리에게는 예수 그리스도만을 통해서 구원을 얻는 것이 하나님의 뜻이라는 것, 셋째, 그러므로 우리는 더 많은 사람을 구원으로 인도하기 위해 더욱 열정적으로 복음 전도와 선교에 헌신해야 한다는 것이네. 이것들 외에는 우리가 단언할 수 있는 것이 없다네."

"그렇군요, 교수님. 저도 교수님 입장을 따르고 싶은데요! 어쨌든 모든 것은 하나님께 맡기고 현재 우리에게 주어진 하나님의 뜻에 순종하고 실천하는 것, 예수님을 믿고 복음 전도에 힘쓰는 것, 그것이 가장 현명한 자세라는 생각이 듭니다. 정말 고맙습니다. 제가 시간을 너무 많이 빼앗은 건 아닌지요……."

"아니라네. 자네의 좋은 질문으로 깊은 생각들을 나누게 되어 기쁘네."

웡과 나는 서로 바라보며 미소를 지었다. 예수님 이전의 사람들, 예수님을 모르고 죽은 사람들의 구원 문제가 좀더 확실히 성경에 나온다면 얼마나 좋을까? 하지만 하나님의 오묘하신 그 뜻 안에 우리가 미처 생각지 못했던 크고 놀라운 계획이 숨어 있으리라 나는 믿는다.

중요 용어 다시 보기

경건한 불가지주의
pietistic agnosticism

하나님을 경외하는 마음을 가지고, 성경이 명확하게 가르치지 않는 신비로운 부분에 대하여 우리 자신의 능력으로는 그 부분을 알 수 없다고 겸손하고 솔직하게 인정하는 자세를 칭한다.

토의
문제

01- 복음을 듣지 못한 사람들의 구원에 대한 두 가지 대표적인 관점은 무엇인가?

02- 경건한 불가지주의의 입장이 갖는 장점과 약점은 무엇인가?

03- "본질적인 부분에서는 일치를, 비본질적인 부분에서는 관용을, 그 외의 모든 것에 대해서는 사랑을!"이라는 구호가 기독교 변증의 작업에서는 어떻게 활용될 수 있을까?

19

불교 신자에게 복음을 전할 방법은 없나요?

내가 옥스퍼드 대학에서 박사 과정을 밟고 있을 때, 우리 가족은 옥스퍼드 한인교회에 다니고 있었다. 당시 담임목사님이 워낙 인품이 좋고 사랑이 많으신 분이라 옥스퍼드 지역에서 공부하는 너댓 명의 목회자가 옥스퍼드 한인교회에 부담 없이 출석할 수 있었다. 동료 전도사님들과 목사님들이 한 구역씩 맡아 매주 금요일마다 성경공부를 인도했던 일은 내게 더없이 소중한 추억으로 남아 있다.

특히 구역 성경공부 모임과 관련하여 한 가지 아름다운 추억이 있다. 1999년 여름에 대구 모 대학 의대 외과 교수이자 의사이던 이 선생님 가족이 연구년을 보내기 위해 옥스퍼드에 왔다. 이 선생님의 부인은 소아과 의사로서 신앙생활을 잘해 왔지만, 이 선생님은 신앙에 별 관심이 없고 부인의 신앙생활마저 반대하였다. 하지만 부인의 권유 때문이었는지 우리 교회에 출석하게 되었고, 자연히 우리와 함께 교회생활을 하며 같은 구역원으로 성경공부도 하게 되었다. 그러는 동안 전적인 하나님의 초자연적 간섭으로 이 선생님이 신앙을 갖게 되었다.

이 선생님 가족은 우리 가족이 2000년 8월 미국으로 이사 올 무렵 연구년을 마치고 한국으로 돌아갔다. 하지만 서로 연락이 끊기지 않아 잠시 한국에 갈 때면 이 선생님 가족과 교제를 나눌 수 있었다. 그리고 2003년 2월 첫 주에는 이 선생님 가족 모두가 우리 집을 방문했다. 이 선생님이 우리 교회에 와서 세례를 받았기 때문이다. 세례를 받던 이 선생님은 과거에 대한 회개와 주님의 은혜에 대한 감사로 눈물을 많이 흘렸다.

세례 예식을 마치고 집으로 돌아와 함께 차를 마시는데, 이 선생님이 말문을 열었다.

전도의 방법

"목사님, 정말 주님의 은혜가 너무 커서 어떻게 감사를 드려야 할지 모르겠습니다. 이제는 정말 새로운 삶을 살게 되었습니다."

"저도, 주님께 참 감사드립니다. 이 선생님의 새로운 삶에 하나님이 넘치는 축복을 더해 주시리라고 믿습니다."

"그런데요, 목사님?"

나를 부르는 이 선생님의 표정이 갑자기 어두워졌다. 뭔가 중요한 이야기를 할 모양이었다.

"아니, 왜 그러시죠? 혹시 몸이 불편하신 것은……?"

장시간 비행기를 타고 왔기 때문에 시차가 완전히 극복되지 않아 그런 것은 아닌지 싶어 물었다.

"아닙니다, 목사님. 몸이 불편해서가 아니라……. 저는 이렇게 복음을 깨닫고 은혜의 감격 속에 살아가는데, 아직 불교 신자로 남아 있는 제 어머님 생각이 나서 마음이 좀 불편해졌습니다."

"어머님이 불교 신자라고 하셨죠? 아직도 불교 신자로서 신앙생활을 열심히 하시는가요?"

"예, 과거보다는 덜 하지만 여전히 활동적으로 신앙생활을 하고 계시죠."

이 선생님의 부인 또한 안타까운 목소리로 말했다. 그는 시어머니가 불교 신자라서 결혼 초기에 여러 가지 어려움을 많이 겪었다고 했다. 어디 이 가정뿐이겠는가? 특히 며느리가 기독교인이고 시어머니가 불교도일 경우 갈등과 마찰이 생길 가능성은 매우 크다.

"목사님, 제 어머님만 불교 신자가 아니고 저와 친한 친구 한 사람도 독실한 불교 신자입니다. 저는 그 친구에게 꼭 복음을 전하고 싶습니다. 어떻게 하는 게 가장 좋은 방법일까요?"

"이 선생님! 이 선생님 생각에는 어떻게 하는 것이 좋겠습니까?"

"글쎄요. 복음을 전하려고 애써 보긴 하는데, 그때마다 대화가 단절되어 버리니 더 이상 진도가 나가질 않습니다. 그래서 결국 서로의 신앙에 대해서는 간섭하지 말고 그냥 존중하자는 식으로 결론을 내리게 되죠. 하지만 제 어머님이나 그 친구에게 어떻게든 복음을 전하고 싶습니다. 그런데 저로서는 통 감이 잡히지 않습니다."

불교 신자에게 복음을 전하는 일은 결코 쉽지 않다. 일단 대화가 시작되면 불교의 가르침을 기독교적으로 설득력 있게 반박하는 변증 작업이 따라야 하기 때문에 어느 정도 이론적인 무장이 필요하다. 게다가 이미 다른 종교에 헌신한 사람이 새로운 종교에 마음을 연다는 것도 쉬운 문제가 아니다.

"이 선생님 말씀 속에 이 문제에 대한 답이 있습니다."

"목사님, 무슨 말씀이시죠? 제 말 속에 해답이 있다니요?"

"이 선생님이 복음을 전하려고 할 때마다 대화가 단절된다는 말씀을 하셨지 않습니까?"

"예, 그렇습니다."

"저는 그렇게 단절되는, 아니 단절될 수밖에 없는 대화를 단절되지 않도록만 할 수 있다면 일단은 성공이라고 생각합니다. 그렇지 않을까요?"

"정말 그렇겠네요. 말문을 열자마자 매번 대화가 단절되니 복음을 소개할 기회조차 얻을 수 없었어요. 목사님, 그럼 어떻게 이야기를 이어 나가죠?"

"이 선생님, 대화가 뭡니까? 서로 신앙과 생각이 다른 사람들이 중단되지 않는 대화를 하는 길은 대화에 대한 바른 이해에서 시작됩니다. 대화는 그냥 무조건 한다고 되는 것이 아닙니다. 의미 있는 대화를 하기 위해서는 많은 준비가 필요하죠. 우선 대화 상대에 대한 사랑과 존중의 마음이 있어야 합니다. 많은 경우 우리 그리스도인들은 종교나 신앙이 다른 사람을 대할 때 사랑하고 존중하는 태도를 갖기보다는 비판이나 경멸하는 마음을 품기 일쑤인데, 이 때문에 대화가 단절되는 경우가 많습니다."

"말씀을 듣고 보니 공감이 되네요. 지난날을 돌아볼 때, 그 친구를 진정으로 사랑하고 존중하는 마음이 저 자신에게 없었던 것 같아요. 그 친구가 불교 신자라는 사실 자체가 제게 거부감을 불러일으켰거든요."

"이 선생님이 아무리 겉으로는 그것을 드러내지 않으려고 해도 친구는 그것을 느낄 수 있죠. 불교 신자에게 복음을 전하기 전에 먼저 우리 그리스도인들은 그들에 대한 사랑과 존중의 마음을 갖춰야 합니다. 이런 마음가짐 자체가 이미 전도의 시작이기 때문입니다."

"그러니까 목사님 말씀은 상대에 대한 사랑과 존중 없이는 대화가 지속될 수 없다는 거군요."

"맞습니다. 이것이 첫 단계에서 이뤄져야 할 일입니다. 그러나 여기서 우리 그리스도인들이 한번 더 짚고 넘어가야 할 것은, 그런 사랑과 존중의 마음은 그리스도의 마음이고 성령을 통해서만 주어진다는 것입니다. 그래서 대화에 들어가기 전에 주님을 의지하는 기도가 필요한 것입니다."

"그다음에는 무엇이 필요한가요?"

"대화를 지속시키는 두 번째 요소는 상대에 대한 적절한 지식입니다. 이 선생님의 경우에는 전도하고픈 분이 어머님, 그리고 가까운 친구 분이니까 그분들의 성격이나 개인 이력에 관해 상당히 알고 계시리라 생각합니다. 그래도 대화가 지속되기가 쉽지 않았던 것은 그분들이 가지고 있는 불교라는 신앙, 불교라는 세계관이 도대체 어떤 것인지에 대한 지식이 없었기 때문입니다."

"정말 그러네요. 어머님이나 친구의 신앙 세계를 이해해 보려는 마음이 없었던 것 같습니다. 한편으로는 '불교를 이해하려고 시간을 소비하느니 성경 한 장을 더 읽겠다'는 생각도 한 적이 있고요. 이런 태도는 바르지 않죠?"

"그렇습니다. 천하보다 귀한 영혼을 얻기 위해 그 영혼이 믿고 있는 종교에 대한 지식을 얻고자 시간을 할애하는 것은 시간 낭비가 아니라 시간을 선용하는 일이 아니겠습니까?"

"그럼, 기왕 말 나온 김에 기독교인으로서 불교를 어떻게 이해해야 될지 설명해 주시면 좋겠는데요."

"기독교인으로서 불교를 어떻게 이해할 것인지 답하기에 앞서, 대화를 지속시키는 세 번째 요소에 대해 잠깐 말씀드리겠습니다. 앞에서도 말한 바와 같이 가장 중요한 것은 상대방을 사랑하고 존중하는 마음입니다. 그다음으로 상대방의 신앙과 세계관에 대한 지식이 중요합니다. 마지막 세 번째 요소는 접촉점points of contact을 잘 활용하는 것입니다."

"접촉점이라고요? 무슨 말씀이신지……."

"기독교 세계관과 불교의 세계관은 많은 점에서 다릅니다. 그럼에도 불교 세계관의 어떤 요소들은 기독교 세계관과 비슷하거나 때로는 일치합니다. 바로 이런 공통 기반을 대화의 접촉점으로 활용하면 대화가 훨씬 더 의미 있을 것입니다."

"아, 정말 그렇군요. 그렇다면 그 접촉점에는 어떤 것들이 있습니까?"

"'기독교인으로서 불교를 어떻게 볼 것인가'라는 질문에 답변을 미룬 이유가 바로 여기에 있습니다. 기독교인으로서 불교 전반에 대해 알아야 하지만, 더 중요한 것은 불교와 기독교의 접촉점을 아는 것이라고 생각하기 때문입니다. 접촉점에 대한 이해가 이루어진 다음에 불교에 대해 설명하는 것이 좋을 듯해서 기다린 것입니다."

"예, 목사님, 좋습니다. 불교와 기독교의 접촉점에 대해 듣고 싶습니다."

불교와 기독교의 접촉점

나는 커피를 한 모금 마시며 생각을 정리한 뒤 말을 이어 갔다.

"가장 중요한 접촉점은 불교의 세계관 가운데 눈에 보이는 현상적 세계의 허무함과 무상함에 대한 통찰일 것입니다. 석가모니는 출가하기 전에 생로병사生老病死로 특징 지어지는 인생의 허무함과 무상함과 덧없음에 대한 깨달음을 얻었다고 합니다. 이러한 깨달음과 연결된 것이 '인생은 고苦', 즉 고통suffering이라는 통찰이죠. 그리고 인생이 고일 수밖에 없는 이유를 그는 '집착執着'이라고 보았죠. 이러한 고와 집을 멸하고 그것에서 해방되는 것이 불교의 구원관이라고 해도 과언이 아닙니다."

"그렇군요. 이런 불교적 세계관이 어떤 면에서 접촉점이 될 수 있다는 거죠?"

"기독교 세계관과 불교적 세계관은 근본적으로 엄청난 차이가 있습니다. 그 세계관의 틀이 너무나 다르다는 것은 부인할 수 없는 사실입니다. 예를 들어, 기독교는 창조와 섭리에 기초한 직선적 역사관을 갖고 있지만, 불교는 윤회적인 역사관을 갖고 있습니다. 기독교는 인생이 한 번으로 끝난다고 가르치는 반면, 불교는 환생還生이 있다고 믿습니다. 기독교는 역사와 세계를 초월하여 다스리시는 인격적인 하나님이 있다고 믿지만, 불교는 그러한 초월적인 신의 존재를 인정하지 않습니다. 이런 것들이 근본적인 차이죠. 하지만 성경을 주의 깊게 읽어 보면 성경에서도 인생의 허무함을 가르치고 있음을 발견하게 됩니다. 로마서 8장 20절에서 22절 말씀이 그렇습니다."

이 선생님은 거실 책상 위에 놓인 성경책을 들고 와 내가 제시한 성경 말씀을 읽기 시작했다.

"피조물이 허무한 데 굴복하는 것은 자기 뜻이 아니요 오직 굴복하게 하시는 이로 말미암음이라. 그 바라는 것은 피조물도 썩어짐의 종 노릇 한 데서 해방되어 하나님의 자녀들의 영광의 자유에 이르는 것이니라. 피조물이 다 이제까지 함께 탄식하며 함께 고통을 겪고 있는 것을 우리가 아느니라."

"이 선생님, 어떻습니까? 이 구절을 읽고 어떤 생각이 드십니까?"

"하나님을 떠난 피조물과 인생의 허무함, 썩어짐, 탄식, 고통에 대해 언급하고 있는 이 대목에 불교 신자들도 공감할 것 같네요."

"그렇습니다. 문제의 근원을 바라보는 시각이나 제시되는 문제를 해결하는 방법은 다르더라도, 문제가 되는 현상을 바라보는 시각에서는 유사함이 있음을 부인할 수 없죠. 그래서 제가 두 세계관 사이의 접촉점이 있다고 말씀드린 겁니다. 인생의 허무함에 대해서는 솔로몬 왕의 전도서도 유명하죠. 전도서 1장 2절과 3절은 '헛되고 헛되며 헛되고 헛되니 모든 것이 헛되도다. 해 아래에서 수고하는 모든 수고가 사람에게 무엇이 유익한가'라는 말로써 인생과 세계의 무상함을 노래하고 있습니다."

조용히 우리의 대화를 듣고 있던 이 선생님 부인이 대화에 참여했다.

"목사님! 불교의 집착과 기독교의 육신의 소욕이라는 개념에도 유사점이 있을 것 같은데요."

"제가 그 점을 지적하려고 했는데, 한발 늦었군요! 맞습니다. 성경은 인간의 죄성을 육신의 소욕과 동일시합니다. 여기서 소욕所欲, desire이라는 말은 불교의 '집착'이라는 말과 완전히 같지는 않더라도, 유사한 면이 있음을 부인할 수 없습니다. 특히 불교에서 집착은 현상 세계에 대한 집착이나 애착愛着 또는 소유욕所有慾을 의미하는데, 요한일서 2장 15절에서 17절 말씀도 이와 유사한 내용을 언급합니다. 한번 읽어 봐 주시겠습니까?"

남편에게 성경을 전해 받은 이 선생님 부인이 본문을 찾아 읽기 시작했다.

“이 세상이나 세상에 있는 것들을 사랑하지 말라. 누구든지 세상을 사랑하면 아버지의 사랑이 그 안에 있지 아니하니 이는 세상에 있는 모든 것이 육신의 정욕과 안목의 정욕과 이생의 자랑이니 다 아버지께로부터 온 것이 아니요 세상으로부터 온 것이라. 이 세상도, 그 정욕도 지나가되 오직 하나님의 뜻을 행하는 자는 영원히 거하느니라.”

“이 선생님, 이 말씀을 들으니 어떤 생각이 드십니까?”

“무엇보다 정말 하나님의 말씀은 다르구나 싶네요. 정말 하나님의 말씀은 진리인 것 같습니다. 세상에 대한 애착을 버리라는 사도 요한의 말씀은 불교의 집착을 버리라는 가르침과 유사하네요.”

“그렇습니다. 그럼 이 선생님, 지금까지 나눈 대화를 정리해 보면 어떤 결론이 나옵니까?”

“예. 기독교 세계관과 불교 세계관은 근본적으로 다르기는 해도 유사한 접촉점이 있습니다. 이 접촉점을 활용해서 불교 신자와 대화를 나누고, 이러한 대화를 통해 복음을 전할 수 있습니다.”

“그렇습니다, 이 선생님. 우리가 이러한 접촉점에 대해 알게 되면, 불교 신자들과 대화할 때 그들의 고민이 무엇이고 어려움이 무엇이며 갈등이 무엇인지에 대해 넓고 깊게 이해하고 공감하게 되어 복음을 능력 있게, 매력 있게 소개할 수 있습니다. 그럴 때 불교 신자들의 마음도 더 열리게 되고 복음에 대해 개방적인 태도도

갖게 되죠."

왜 꼭 예수님이죠?

"하지만 목사님, 아직까지도 그 부분에 대한 설명이 미흡한 것 같습니다."

"어떤 부분 말씀이죠?"

"불교 신자들에 대한 사랑과 존중의 마음, 불교에 대한 지식, 그리고 접촉점의 활용 등에 대한 설명은 이제 잘 이해하겠습니다. 그런데 궁극적으로 그들에게 '그럼에도 예수님께 와야 된다. 복음을 받아들여야 된다'라고 말해야만 전도가 마무리되는 것 같은데, 그 마지막 마무리를 어떻게 해야 되는지요?"

"좋은 지적이십니다. 그 점에 대해 좀더 말씀드리죠. 불교 신자들은 고苦와 집執을 멸滅하고 열반涅槃과 해탈解脫에 이르는 과정을 자신들의 자연적인 능력과 노력으로 이루려고 합니다. 그래서 불교에는 여러 수행 방식들이 개발되어 있습니다. 명상, 고행, 참선 등이 있죠. 하지만 불교 신자들이 신실한 마음으로 이러한 수행에 정진하면 할수록, 그들은 개인적인 좌절과 갈등에 빠지게 될 것입니다. 왜냐하면 불교 신자들이 이루려는 그 이상적인 상태를 자신들의 힘으로는 이룰 수 없다는 것을 시간이 갈수록 더 깊이 깨닫게 될 것이기 때문입니다."

"과연 모든 불교 신자들이 그렇게 깨달을까요?"

"이 선생님! 물론 모든 불교 신자들이 그러한 깨달음을 얻게 되지는 않겠지만, 정직하게 자신을 바라보는 사람은 자신의 힘으로 열반을 이룰 수 없음을 인정할 수밖에 없다는 말입니다. 바로 이런 깨달음이 있는 사람이라면 사람의 행위나 노력으로 말미암지 않고 오직 하나님의 은혜와 사랑으로 주어지는 선물로서의 구원에 매력을 느끼게 될 것입니다. 그리고 더 나아가 우리를 사랑하셔서 우리의 모든 죄 짐을 지시고 십자가에서 보혈의 피를 흘린 뒤 부활하셔서 오늘도 우리에게 참 안식을 얻으라고 초청하고 계시는 예수님께 매력을 느끼게 될 것입니다. 이렇게 되면 우리는 그 영혼을 거의 얻은 것이나 다름없죠."

"그렇군요. 목사님 말씀을 들으면서 기독교와 불교의 또 다른 접촉점이 가능하겠다는 생각을 했습니다."

"그게 뭔데요, 이 선생님?"

"불교에 업보業報 사상이 있지 않습니까?"

"업보요? 아, 카르마karma 말씀이군요?"

"예. 그렇습니다. 목사님도 아시다시피 기독교는 죄와 죄에 대한 형벌을 강조하지 않습니까? 그에 상응하는 불교적 용어가 업보라고 생각되네요. 업보는 사람들의 잘못된 행위와 죄의 결과들이 해결되지 않고 시간이 지남에 따라 축적되어 마치 운명이나 숙명처럼 되는 것을 의미하죠. 기독교가 죄와 그 죄에 대한 형벌로부터 자유로워지는 것과 해방을 강조한다면, 불교는 업보로부터의 해방을 강조하지 않습니까? 그 해방을 얻는 방법과 메커니즘은 근본적으로 다르더라도 인간의 문제에 대한 통찰에서는 어느 정도 유사성이 있어 보입니다."

"그 말씀도 일리가 있네요. 불교 신자들은 자신들의 노력과 공로로써 업보로부터 해방되려고 하죠. 특히 팔정도八正道라는 수행 방법을 통해 집착을 제거하고 선행을 행함으로 공덕功德, merit을 쌓아 업보를 줄이고자 노력합니다. 반면 우리 그리스도인들은 우리의 모든 죄와 죄책을, 불교적으로 말하면 우리의 모든 업보를 예수님이 대신 지셨다고 생각합니다. 우리는 예수님의 은혜와 공로로 과거와 현재와 미래의 모든 죄를 용서받고, 죄를 이기는 힘을 공급받은 것이죠. 워낙 세계관적인 틀framework이 다르다 보니 접촉점을 찾기가 쉽지 않지만, 가능한 접촉점을 찾으려고 계속 노력하고 그것을 잘 활용하려는 자세, 그 자체가 불교 신자들의 마음을 움직일 수 있으리라고 생각합니다. 자신의 운명적인 업보로부터 스스로 해방될 수 없음을 깨닫는 불교 신자라면, 오직 하나님의 은혜와 그리스도의 공로로 말미암아 죄와 업보로부터 해방될 수 있다는 복음의 메시지에 틀림없이 매력을 느낄 것입니다."

"그러네요, 목사님. 정말 그렇게 되면 좋겠어요. 목사님 말씀대로 접촉점을 활용해서 어머님과 친구에게 복음을 전하고 싶습니다."

"하나님의 함께하심을 기도하며 담대하게 나아가면 좋은 열매가 있을 것입니다."

나는 진실로 이 선생님의 어머님과 친구 분에게 복음이 전해지고 귀한 열매가 맺히기를 간절히 바랐다. 자리를 함께한 우리 모두는 예수님의 위대하심과 복음의 영광스러움에 감격하며 하나님을 찬양했다.

중요 용어 다시 보기

세계관
world view

우주 만물과 역사와 인간을 총체적으로 바라보고 해석하는 어떤 관점을 뜻한다. 사람은 각자 나름대로의 세계관이 있다. 하지만 다양한 세계관의 공통 분모로서 몇 가지 대표적인 세계관이 제시될 수 있는데, 유신론적 기독교 세계관, 무신론주의, 허무주의, 자연주의, 인본주의, 마르크스주의, 범신론적 일원주의, 실존주의, 현대주의, 포스트모더니즘 등이 있다.

환생
還生, reincarnation

사람의 인생이 일회로 끝나는 것이 아니라 사후에 동물이나 사람으로 다시 살아서 돌아온다는 불교와 힌두교의 이론.

업보
業報, karma

사람의 잘못된 행위와 그 행위의 결과가 시간이 지남에 따라 계속 축적되어 사람을 억누르는 짐이 된다는 불교의 이론으로, 불교도들은 보통 자신의 업보가 자신의 운명에 결정적인 영향을 미친다고 믿는다.

팔정도
八正道

인생의 고와 집착을 멸하고 열반을 이루기 위해 불교도들에게 요구되는 8가지 도덕적 수도 방법.

토의 문제

01- 기독교와 불교의 공통점 혹은 접촉점에는 어떤 것들이 있는가?

02- 기독교와 불교의 양립할 수 없는 차이점에는 어떤 것들이 있는가?

03- 그리스도인이 불교인들을 존중하고 사랑하기 위해 할 수 있는 일들은 무엇인가?

04- 기독교를 무차별적으로 근거없이 공격하는 불교인들을 어떻게 대할 것인가?

20

이슬람교도들에게 어떻게 복음을 전할까요?

덴버신학교에서 가르치면서 나는 학생들에게 세계의 다른 종교들에 대해 우리 그리스도인들이 관심을 가져야 한다는 점을 강조한다. 오늘날 세계는 글자 그대로 ‘지구촌’이 되어 있다. 다른 말로 바꾸면 ‘지구리’, ‘지구동’, ‘지구면’, ‘지구시’라고도 할 수 있을 정도로 세계는 하나의 작은 마을이 되어 가고 있다. 세계가 하나의 마을, 하나의 도시가 되어 가면서 “모든 민족으로 제자를 삼으라” 하시는 주님의 명령에 순종한다는 것은, 결국 모든 종교인에게 복음을 전해서 그들을 예수님의 제자로 세우는 일을 감당하는 것이 되었다. 세계의 모든 종교인들에게 복음을 전하기 위해서는 그들이 신봉하는 종교에 대해 정확하고 구체적으로 알고 있어야 한다. 오늘날 세계에서 가장 빠르게 세력을 확장하고 있는 종교는 이슬람교다. 가톨릭을 기독교권에 포함하면 아직도 기독교 인구가 이슬람 인구보다 많지만, 가톨릭을 포함하지 않을 경우 이슬람이 세계에서 가장 많은 신도를 거느린 종교임은 분명하다. 그리고 오늘날 한국에도 해외에서 이주해 온 무슬림 근로자들이 많아지면서 이슬람교도 점점 확산되어 가고 있다.

하루는 중국에서 덴버신학교로 유학 온 스프링이라는 자매님과 대화를 하게 되었다. 스프링 자매는 중국 본토 서부 신장 지역의 위구르족 출신이다. 위구르족은 오래전부터 이슬람을 신봉하고 있고, 스프링 자매는 그런 위구르족에게 예수님의 복음을 전하려는 뜨거운 열정이 있었다.

"정 교수님, 제 평생의 화두가 있습니다. 그것은 '이슬람교도들에게 어떻게 복음을 전할까?'라는 것입니다. 이 질문에 교수님께서 해답을 주시면 고맙겠습니다."

"그래요……. 이슬람교도들에게 복음을 전하기 위해서는 몇 가지 단계를 거쳐야 할 것 같아요."

"어떤 단계들인가요?"

"첫째, 우리가 이슬람에 대해 정확한 지식을 갖춰야 한다는 겁니다. 그냥 두루뭉술한 상식적인 지식이 아니라, 거의 전문가적인 지식이어야 해요. 그리고 둘째로, 이슬람과 기독교의 유사점과 차이점을 정확하게 이해해야 합니다. 셋째로, 이슬람과 기독교의 유사점을 접촉점으로 해서 이슬람교도들과 대화를 시도해야 하지요. 넷째로, 그런 대화를 통해 좋은 관계를 발전시켜야 해요. 그러다 보면 많은 이슬람교도가 주님께 돌아오게 될 겁니다."

"교수님, 평소의 제 생각과 일치하는 것 같아서 좋습니다. 요즘 이슬람교도들에게 복음을 전하기 위해 선교 훈련을 받는 사람들조차 이슬람에 대한 이해가 너무 피상적인 것 같아서 마음이 아팠거든요. 교수님께서 정확하게 짚어 주신 것 같습니다."

"그래요, 동의해 주어서 고마워요. 그럼 자매님이 이해하고 있는 이슬람에 대해 간단히 말씀해 주시죠."

"예, 이슬람이라는 말 자체가 '복종', '굴복'이라는 뜻입니다. 그래서 이슬람의 본질은 유일신 알라에 대한 절대적인 복종과 굴복이지요. 이슬람의 다섯 기둥은 첫째, '샤하다'라는 신앙 고백, 둘째, '살라트'라고 하는 매일 5회의 기도, 셋째, '사움'이라는 라마단 기간 동안의 단식 · 금식, 넷째, '자카트'라고 하는 자선과 구제 행위, 다섯째, '하즈'라고 하는 성지인 메카 순례입니다. 이제 이슬람과 기독교의 유사점과 차이점에 대해 교수님께서 좀 정리해 주시면 좋겠습니다."

기독교와 이슬람의 차이점

"우선 차이점부터 다뤄 봅시다. 기독교와 이슬람의 가장 큰 차이점은 신관神觀에 있어요. 우리 그리스도인들이 사랑하고 섬기고 예배하는 궁극적 절대자는 아버지와 아들과 성령 삼위일체 하나님인 반면, 무슬림들이 신봉하는 절대자는 알라거든요."

"오늘날 기독교의 하나님과 알라가 같은 존재라고 주장하는 사람들이 많아지고 있지 않습니까?"

"그게 심각한 문제입니다. 그리스도인들이 사랑하는 삼위일체 하나님은 한 분 하나님이 세 위격의 완전한 연합체요 통일체로 존재하시는 반면, 이슬람의 알라는 단일한 위격이거든요. 근본적으로 다릅니다. 물론 기독교의 입장에서 보면 이슬람의 알라는 가짜고 거짓이지요. 하지만 비교를 위해서는 그쪽 주장을 일단 그대로 소개해야 할 것 같아요."

"좀더 구체적으로 설명해 주시면 도움이 되겠습니다."

"그래요. 좀더 구체적으로 말하면 기독교의 하나님은 하나의 공동체적 존재지만, 이슬람의 알라는 하나의 단일자에 불과한 겁니다. 기독교의 하나님은 당신의 존재 안에 다양성 혹은 복수성을 포함한 분이시지만, 이슬람의 알라는 결코 그런 존재가 아니라는 거예요."

"아, 그렇게 본질적으로 다르군요. 그런데 이슬람의 알라와 기독교의 하나님이 지닌 속성들에는 공통점이 있지 않을까요?"

"몇 가지 공통점이 있긴 하겠지만, 기독교의 하나님은 자신을 사랑(요일 4:8)이라고 계시하셨잖아요. 하지만 이슬람에서는 '알라는 사랑이심이라'는 말이 근본적으로 성립될 수 없어요."

"그렇군요……. 저도 좀 피상적으로 알고 있었던 것 같아요."

스프링 자매는 아주 진지하게 내 설명을 듣고 있었다.

"기독교와 이슬람의 근원적인 차이점은 예수님을 보는 시각과도 연결되어 있어요."

"그렇네요. 이슬람도 예수님에 대해 언급하니까요……."

"이슬람에서는 우리가 예수님이라고 부르는 분은 '이싸'라고 부르지요. 기독교의 예수님과 이슬람의 이싸는 근원적으로 달라요."

“어떻게 다른가요?”

“우선 기독교의 예수님은 본성상 하나님이시면서 아버지와의 관계에서 아들 하나님 혹은 하나님의 아들이거든요. 즉 성자 하나님이시거든요. 하지만 이슬람에서 이싸는 알라와 동등한 신적 존재가 결코 아니에요. 이싸는 단순한 인간에 불과하지요. 알라의 피조물에 불과하지요. 이싸와 알라의 차이는 하늘과 땅 차이에요.”

“그러면 이슬람에서 이싸는 어떤 존재로 인식되고 있나요?”

“이슬람 경전 꾸란에 보면 이싸는 하나의 선지자예요. 마치 세례요한과 같은 예언자로 인식되죠. 이슬람에서 최고의 예언자, 알라의 전권대사는 무함마드에요. 이싸는 무함마드보다 격이 낮은 선지자에 불과하지요.”

“그렇군요. 그럼 꾸란은 예수님의 십자가의 죽으심이나 부활을 인정하나요?”

“아니에요. 그 점 역시 기독교와 이슬람의 본질적인 차이에요. 이슬람은 이싸가 십자가에 못 박히긴 했으나 십자가에서 죽지 않았다고 주장합니다. 죽지 않고 승천했다고 보지요. 따라서 예수님께서 십자가에 죽으시고 부활하셨다는 기독교의 핵심적 주장을 이슬람은 결코 받아들이지 않습니다.”

“교수님, 예수 그리스도께서 우리 죄를 위하여 십자가에 죽으시고 부활하셨다는 것은 기독교 신앙의 핵심 중의 핵심인데 이슬람이 그것을 인정하지 않는다면 정말 두 종교가 양립할 수 없이 본질적으로 다르다는 것을 증명하는 것 같습니다.”

"맞아요. 신론이 다르고 기독론이 다르고…… 결과적으로 구원론도 완전히 다르지요. 자매님, 기독교의 구원론의 핵심이 뭐지요?"

"그것은 죄인이 죄를 회개하고, 예수 그리스도를 자신의 구주와 주님으로 영접하는 것이죠. 오직 믿음, 오직 은혜, 오직 보혈, 오직 십자가의 구원론이지요. 오직 예수 그리스도의 보혈과 그 분의 십자가의 공로를 믿고 의지할 때 은혜로 구원을 받는 것이지요."

"맞아요. 성경은 죄인이 자신의 행위나 선행으로 스스로를 구원할 수 없으며, 오직 예수님을 믿고 의지함으로만 구원받을 수 있다고 가르치지요. 그러나 이슬람은 철저히 행위 구원이요, 인간의 선행과 공로에 의한 구원을 주창합니다. 마지막 심판 날 알라는 인간의 선행과 악행을 저울에 달아 보고, 선행이 악행보다 많을 때는 천국으로, 적을 때는 지옥으로 보낸다고 합니다."

"완전히 인간주의적인 구원관이군요……."

"맞아요."

"교수님, 신론이 다르고, 기독론이 다르고, 구원론이 다르기에 이슬람교도 즉 무슬림들에게 복음을 전하는 것은 정말 만만치 않은 일 같아요."

"맞아요. 그럴지라도 우리는 기독교와 이슬람의 접촉점을 부단히 찾아보고, 그 접촉점에 기초해서 대화를 진행해야 되지요."

"그럼 교수님, 두 종교의 접촉점 혹은 유사점은 어떤 것이 있을까요?"

기독교와 이슬람의 접촉점

"우선 기독교와 이슬람은 유신론적 종교라는 점에서 유사한 점이 있지요. 또 유일신 사상이 비슷하지요. 그 유일신이 어떤 분이냐 하는 점에서는 관점이 전혀 다르지만 궁극적 절대자가 하나의 신이라는 점에서는 유사하지요."

"두 종교 모두 계시적인 종교라는 점도 유사한 점인 것 같아요."

"그렇지요. 기독교는 성경을 특별계시로, 이슬람은 꾸란을 신의 계시로 보지요. 물론 삼위일체 하나님께서 성경을 주신 방식을 우리는 '유기적 영감'으로 받아들이는 반면, 이슬람에서는 꾸란을 가브리엘 천사가 전달해 준 계시를 무함마드가 받아쓴 것으로 보지요."

"교수님, 그리고 구원받아 천국에 가겠다는 내세관이 좀 비슷한 것 같아요."

"그렇지요. 비슷하면서도 천국에 대한 이해가 엄청 다르지요. 그렇지만 어쨌든 인간이 지옥이 아니라 천국에 가야 한다는 내세관은 비슷하다고 봐야 할 것 같아요."

"윤리적인 면에서도 비슷하지 않나요?"

"그렇지요. 비슷한 면이 많지요. 특별히 살인을 금하고, 간음을 금하고, 도둑질을 금하는 윤리적 부분은 매우 비슷합니다. 그리고 유일신만을 섬겨야 한다거나, 우상을 만들면 안 된다거나 하는 부분도 매우 비슷하지요. 신앙생활 측면에서도 비슷한 부분이 있어요. 기도를 강조하고 금식과 구제를 강조하는 점이 그 예지요."

"교수님, 그렇다면 이런 유사점 혹은 접촉점을 어떻게 활용해야 할까요?"

"좋은 질문이에요. 우리 그리스도인들이 이런 유사점과 접촉점을 잘 숙지하는 것이 중요해요. 그래서 이슬람교도와 대화할 때 진지하게 경청하며 접촉점을 활용해서 더 깊은 신앙적 대화를 이끌어 갈 수 있는 기회를 엿보아야 합니다."

접촉점을 사용한 대화와 전도

"구체적으로 예를 들어 주십시오."

"저 같으면 이렇게 접근할 것 같아요. 우선 대화 상대인 이슬람교도에게 '당신은 정말 천국에 가고 싶은가?'라고 물어 볼 것 같아요. 천국에 대한 소망, 내세에 대한 소망이라는 접촉점에 호소하는 것이죠. 그에 대해 이슬람 교도가 '정말 천국에 가고 싶다'라고 답한다면, 일단 대화의 물꼬는 트인 겁니다. 아마 대부분의 이슬람교도들은 정말 천국에 가고 싶다고 할 겁니다. 그럼 저는 다시 물어 볼 것 같아요. '당신은 천국에 갈 자신이 있는가?' 아마 거의 대부분 천국에 갈 자신이 없다고 할 겁니다. 왜냐하면 자신이 저지른 악행보다 실천한 선행이 훨씬 더 많다고 여기는 이스람교도들이 그렇게 많지는 않을 것이기 때문이지요. 그런 다음 다시 질문할 것 같아요. '지금 당신의 삶의 모습을 바라볼 때 천국에 들어갈 가능성이 있어 보이는가?' 그러면 많은 사람들이 자신의 행위나 선행으로 천국 가기가 어려울 것 같다고 할 거예요. 그때 그 틈을 타서 인간의 죄성에 대한 성경적 가르침을 나누는 거예요."

"그렇군요. 인간이 죄인임을 인정하게 하는 것이 급선무군요."

"맞아요. 인간이 스스로 죄인임을 인식하게 하는 것이 바로 복음 전도에서 절대적으로 중요한 첫 단계죠. 대화 상대인 이슬람교도의 죄를 지적하면서 죄된 행실들에만 집중하지 말고, 죄된 행실을 낳은 죄된 생각과 욕망에 대해 좀더 예리하게 파고들면, 그 이슬람교도의 마음이 많이 낮아질 겁니다."

"참 좋은 전략이라고 생각합니다. 그다음에는 어떻게 해야 할까요?"

"그다음에는 기독교의 구원론과 이슬람의 구원론을 비교하면서 대화를 이어 나가야 합니다. 대화 상대인 이슬람교도에게 그 자신의 행동으로는 결코 구원받기가 어려울 것이고, 구원에 대한 확신도 얻지 못할 것임을 짚어 주는 것이 중요하지요. 그러면서 우리 기독교에서는 죄인이 자신의 선한 행실로 구원받으라고 가르치지 않고, 죄인 대신 죄의 값을 치러 주시고, 죄인 대신 완전하게 선한 삶을 사신 예수 그리스도를 믿고 의지할 때 구원받게 된다는 것을 분명하게 선포해야 하지요. 그래서 구원은 인간의 선한 행실이라는 조건과 공로에 근거해서 받는 것이 아니라, 하늘로부터 오는, 값없이, 공로없이 주시는 은혜의 선물임을 증거해야 합니다. 그러면서 예수님을 진실하게 믿는 모든 그리스도인들은 구원에 대한 확신 속에서 기쁨을 누리는 삶을 살아가고 있음을 알려 주어야겠지요."

"그렇게 해도 별다른 반응이 없다면요?"

"아마, 처음 이런 식으로 복음을 제시받았을 때 '아멘' 하면서 받아들이는 경우는 거의 없을 거예요. 처음에는 별다른 반응을 보이지 않겠지만, 일단 복음의 씨앗이 그 마음속에 심기는 것이 중요하거든요. 최초의 복음 제시로 그런 일이 일어나기만 해도 절반은 성공한 거지요."

"그럼 그다음에는 어떤 방식으로 진행해야 할까요?"

좋은 관계 유지를 통한 전도

"일단 그렇게 복음을 제시한 다음 심각하게 부정적인 반응을 보이지 않는다면 그다음부터는 좋은 관계를 유지하는 데 초점을 맞추어야 합니다."

"좋은 관계를 유지한다고요?"

"그렇습니다. 가능한 한 자주 만나서 식탁 교제를 나누는 것도 좋구요. 우리 쪽에서 밥을 사는 것이 좋겠지요. 그리고 전도 대상자인 이슬람교도의 가정에 어려운 일이 있으면 적극적으로 도와주는 것도 필요하구요. 일상생활 속에서 이메일이나 문자나 카톡 등으로 자주 안부를 물으면서 사랑을 나눠 주면 좋은 관계가 형성되고 유지되지요. 그러다가 어떤 결정적인 시기 즉 하나님께서 그 사람을 구원하시는 카이로스의 시기가 도래하면 그 사람은 반드시 복음을 받아들이고 주님께 돌아오게 되어 있습니다."

“교수님, 그러니까 문제는 우리가 얼마나 인내하면서 사랑과 관심을 쏟느냐에 달려 있는 거군요?”

“그렇지요. 그렇지만 궁극적으로 성령님께서 그 사람의 마음을 움직여 주시지 않으면 그 사람이 복음을 듣고 받아들일 방도가 없지요. 다만 우리는 우리 차원에서 최선을 다해 복음과 사랑을 나누는 일을 감당하는 것이고, 그런 수고를 통하여 성령님께서 역사하시면 반드시 좋은 열매가 열리게 되지요. 이것이 바로 복음 전도 과정에서 간절한 중보기도가 매우 중요한 이유겠지요. 그리고 주님께서 사도 바울을 통하여 ‘우리가 선을 행하되 낙심하지 말지니 포기하지 아니하면 때가 이르매 거두리라’(갈 6:9)고 말씀하신 이유지요.”

“그렇네요. 교수님, 참 귀한 말씀 고맙습니다. 이제 어떻게 하면 이슬람교도들에게 복음을 전할 수 있는지 감을 좀 잡았습니다. 제가 중국에 돌아가서도 이런 방식을 잘 활용하고 싶어요. 제가 훈련시킬 후배들에게도 이런 방식을 잘 가르쳐서 복음 전도에 사용하도록 하겠습니다. 정말 고맙습니다.”

스프링 자매에게 거룩한 열정과 소명을 주신 주님께서, 자매를 통하여 수많은 이슬람교도들에게 예수 그리스도의 복음이 전파되게 하시기를 간절히 기도드린다.

중요 용어 다시 보기

이슬람 중동 지역을 중심으로 7세기에 등장한 종교. 이슬람이라는 말 자체가 '복종'이라는 뜻이다. 알라에게 절대 복종하는 것을 신앙의 중심으로 삼고 있다. '알라만이 유일한 신이며 무함마드가 알라의 최후의 예언자'라는 고백을 통해 신자가 될 수 있다.

무슬림 이슬람교도를 무슬림이라고 부른다. 무슬림이 지켜야 할 신앙 계율은 다섯 가지인데 첫째, '샤하다'라는 신앙고백, 둘째, '살라트'라고 하는 매일 5회의 기도, 셋째, '사움'이라는 라마단 기간 동안의 단식 · 금식, 네째, '자카트'라고 하는 자선과 구제 행위, 다섯째, '하즈'라고 하는 메카 순례이다. 이 다섯 가지는 이슬람의 다섯 기둥이라고 불린다.

무함마드 이슬람교의 창시자요 예언자. 571년에 태어나 632년에 사망. 천사 가브리엘에게서 계시를 받아 꾸란을 기록하였고, 여러 차례의 탄압을 겪고 전쟁을 거쳐 이슬람교의 기반을 닦았다.

이싸: 이슬람의 꾸란에서 예수님을 부르는 이름. 성경에서 묘사되는 예수님의 모습과 부분적으로 닮아 있긴 하지만, 근본적으로 다른 모습으로 묘사됨. 무함마드보다 격이 낮은 선지자 중의 한 사람으로, 십자가에 못 박혀 죽었다가 부활한 존재로 이해되지 않음. 알라와 동등한 신성을 지닌 존재로 이해되지 않음.

토의 문제

01- 기독교와 이슬람의 근원적인 차이점은 무엇인가?

02- 기독교와 이슬람의 유사점과 접촉점은 무엇인가?

03- 이슬람교도들에게 복음을 전하기 위해 우리는 어떤 준비를 해야 할까?

04- 복음 제시형 전도와 관계 지향적 전도, 이 두 가지 접근을 어떻게 균형 있게 활용할 수 있는지 토의해 보라.

티타임에 나누는 기독교 변증

Christian Apologetics for Tea Time

지은이 정성욱
펴낸곳 주식회사 홍성사
펴낸이 정애주
국효숙 김의연 박혜란 송민규 오민택 임영주 차길환

2004. 7. 21. 초판 발행 2013. 6. 1. 15쇄 발행
2014. 2. 20. 개정증보판 발행 2025. 4. 15. 15쇄 발행

등록번호 제1-499호 1977. 8. 1.
주소 (04084) 서울시 마포구 양화진4길 3
전화 02) 333-5161 팩스 02) 333-5165
홈페이지 hongsungsa.com 이메일 hsbooks@hongsungsa.com
페이스북 facebook.com/hongsungsa
양화진책방 02) 333-5161

•잘못된 책은 바꿔 드립니다. •책값은 뒤표지에 있습니다.

ISBN 978-89-365-1018-3 (03230)